Vahlen

Hans A. Wüthrich

Manifest der intellektuellen Bescheidenheit

Problemlösung neu denken

Vahlen · München

Versus · Zürich

Downloads zum Buch finden Sie unter
http://www.versus.ch/downloadD/2000/422/D

Bibliografische Information der Deutschen Nationalbibliothek
Die Deutsche Nationalbibliothek verzeichnet diese Publikation in der Deutschen Nationalbibliografie; detaillierte bibliografische Daten sind im Internet über http://dnb.dnb.de abrufbar.

Umschlagbild: Thomas Woodtli · Witterswil
Satz und Herstellung: Versus Verlag · Zürich
Druck: Westermann Druck Zwickau GmbH · Zwickau
Printed in Germany

ISBN Versus: 978-3-03909-325-0 (Print) 978-3-03909-825-5 (E-Book)
ISBN Vahlen: 978-3-8006-7004-8 (Print) 978-3-8006-7005-5 (E-Book)

Für alle, die bereit sind, an
sich selbst
– der zentralen
Gelingensvoraussetzung
für bessere
Problemlösungen –
zu arbeiten.

Inhalt

«Alles **Leben** ist **Problem**lösen.» *Karl R. Popper*

Die vorliegende Publikation hat einen lebensbiografischen Bezug. Im eigenen Berufsleben haben mich zwei Beobachtungen fortwährend irritiert: Erstens das Faktum, dass es trotz immer mehr Wissen nur selten gelingt, passende und robuste Lösungen für die vielfältigen und drängenden Probleme unserer Zeit zu finden. Und zweitens, der in unzähligen Gesprächen, Workshops, Klausuren und Gremiensitzungen oft erlebte und unter Einsatz von viel persönlicher Energie zelebrierte Versuch vieler Beteiligten, die Welt zu erklären. Das Ziel zahlreicher Diskurse bestand nicht selten darin, Recht haben zu müssen, die eigene Lösung durchzusetzen und im Modus der Schadensbegrenzung, nichts zu verlieren und Erreichtes zu verteidigen; nicht aber darin, mit Zukunftshoffnung ergebnisoffen und gemeinsam Neues zu denken. Bei den vielen hoch engagierten Welterklärenden, denen ich begegnet bin, konnte ich eindrücklich erleben, wie lösungshemmend deren Mindset für das Finden passender Problemlösungen ist. Auch musste ich feststellen, dass nur ein erschreckend kleiner Teil dieser Spezies sich der limitierenden Wirkung der eigenen Haltung bewusst und nur begrenzt in der Lage war, zu sehen, dass sie nicht sieht, was sie nicht sieht. Diese beängstigenden Beobachtungen waren Auslöser für diese Veröffentlichung. Erste Gedanken zu einer alternativen Problemlösungs-Heuristik habe ich im Jahre 2005 in einem Artikel in der Zeitschrift für Führung und Organisation skizziert.[1] In der Zwischenzeit hat mich die Thematik weiter beschäftigt und nicht mehr losgelassen.

Ziel der Publikation ist es,

- einen Weckruf an Welterklärende zu richten und Impulse für das kollektive Aufwachen zu vermitteln.
- eine Problemlösungs-Heuristik zu konturieren, die das Potenzial hat, bessere Lösungen für anstehende Probleme auf der Mikro-, Meso- und Makroebene zu finden.
- das **MANIFEST DER INTELLEKTUELLEN BESCHEIDENHEIT** als Fundament für die erforderliche Haltungs(r)evolution zu postulieren.

Das Buch soll aber auch Mut und Hoffnung verbreiten, dass wir in der Lage sind, selbst für komplexe Probleme passende Lösungen zu finden. Es richtet sich an alle Welterklärer und Welterklärerinnen und somit letztlich an **uns alle!** Als Stilmittel werden die Aussagen teilweise bewusst pointiert, hoffentlich aber nicht undifferenziert formuliert.

Zum Zeitpunkt der Finalisierung des Manuskripts erfolgte die Invasion russischer Truppen in die Ukraine. Im Kontext der schockierenden Ereignisse stellte ich mir die Fragen, ob meine skizzierten Gedanken nicht weltfremd und naiv sind; ob das von mir unterstellte Menschenbild nicht zu optimistisch ist und ob wir wirklich fähig sind, unsere Haltung als Problemlösende zu ändern. Persönlich bin ich weiterhin von einer sozialen Programmierung unseres Gehirns überzeugt und deshalb auch zuversichtlich, dass wir Menschen, durch (Selbst-)Bildung und eine bewusste Arbeit an der eigenen Haltung in der Lage sind, die **INTELLEKTUELLE BESCHEIDENHEIT** zu entwickeln und zu leben. Auch wenn ich an mir selbst erkenne, wie anspruchsvoll dies ist, möchte ich hoffnungsvoll diesen, vielleicht naiv anmutenden Optimismus bewahren.

Noch ein Hinweis zur geschlechtergerechten Sprache: Da ich die konsequente Nennung der beiden Geschlechter schwerfällig finde, wähle ich manchmal die männliche, gelegentlich die weibliche, teilweise auch beide Formen. Wo der Kontext es nicht eindeutig erkennen lässt, sind immer beide Geschlechter gemeint.

Der Wunsch für das Übermorgen

«Haltung

entscheidet.» *Martin Permantier*

Welterklärende, so weit das Auge reicht

Der britische Philosoph und Mathematiker Bertrand Russell bringt es auf den Punkt: *Es ist ein Jammer, dass die Dummköpfe so selbstsicher sind und die Klugen so voller Zweifel.* Wir leben im Zeitalter der sich selbst überschätzenden Welterklärenden. Im beruflichen Umfeld, in der Gesellschaft und Politik, in den Medien, aber auch im Privaten begegnen wir tagtäglich Schein-Autoritäten, die uns die Welt deuten. Für beinahe alle Probleme kennen sie die Lösung und sie belehren uns, meist im Brustton der Überzeugung, weshalb Dinge nicht funktionieren und wie eine bessere Welt auszusehen hat. Sie kennen die Antworten, bevor die Fragen gestellt sind. Für sie ist es unverständlich und nur schwer zu ertragen, dass andere die Genialität ihrer Deutungen und Lösungen nicht sehen können und wollen. Sie bewerten die eigene Wahrheit als alternativlos und halten es für ihre Pflicht, den andern den rechten Weg zu weisen. Mitmenschen mit diesen Eigenschaften **irritieren mich und bereiten mir Angst.**

Selbst in der Coronapandemie, in der die empirischen Befunde nicht eindeutig und die Unsicherheit und das Nichtwissen augenfällig sind, gibt es Unzählige, die auf alle brennenden Fragen Antworten haben und die die erfolgversprechende Lösung für eine Rückkehr zur Normalität kennen. Sie tun sich schwer, zu akzeptieren, dass Glauben und Überzeugtsein nicht dasselbe sind wie Wissen respektive dass eigene Überzeugungen stets Annahmen repräsentieren. Am Beispiel der Konspirationstheorien zur Coronapandemie konnte ein amerikanisches Forscherteam aufzeigen, dass Menschen in der Regel nicht nach Wahrheit, sondern nach Geschichten suchen, die ihre Ansichten unterstützen. Die Logik dieser Erzählungen folgt bestimmten psychologischen Erzählregeln. Glaubwürdigkeit entsteht nicht durch empirische Evidenz oder analytische Widerspruchsfreiheit, sondern durch Wiederholung in einer Gruppe und Nähe zu einem einfachen Gut-schlecht-Narrativ.[2] Als Emotional Reasoning bezeichnet Aaron T. Beck, Begründer der kognitiven Verhaltenstherapie, den Effekt, dass man seine Gefühle als Beweis für die Richtigkeit von Behauptungen hält.[3] Teilweise mutet es fast schon tragisch an, mit welcher Naivität und Ego-Zentrierung das Heer der Welterklärer unterwegs ist. Welterklärende befriedigen aber auch den Wunsch nach Orientierung, der weder von der Politik noch von der Wirtschaft und schon lange auch nicht mehr von der Religion erfüllt werden kann. Auch die Wissenschaft kann nur vorläufiges Orientierungswissen bereitstellen. Und selbst Ralph Caspers, der Moderator der uns allen bekannten Sendung mit der Maus – die seit nunmehr fünfzig Jahren den Kindern die Welt erklärt –, hält fest: *Nur das mit dem Welterklären ist heute nicht mehr so einfach.*[4]

Es ist offensichtlich, dass trotz der lauten Töne der nach Anerkennung und Bedeutsamkeit strebenden Besserwisser, Alleskönner, Entweder-oder-Menschen, Überzuversichtlichen und Oberlehrer in unserer Gesellschaft die Anzahl der ungelösten **Probleme nicht ab-, sondern eher zunimmt.**[5] Auf globaler Ebene sind es die Ernährungs-, Gesundheits-, Gerechtigkeits-, Biodiversitäts-, Bildungs-, Umwelt-, Cyber-, Migrations- und Klimaprobleme, die dringend gelöst werden müssen. Nachfolgend ein paar exemplarische Fakten, die einerseits die Dringlichkeit, andererseits aber auch unser Unvermögen im Umgang mit den anstehenden realen Herausforderungen verdeutlichen:

- Laut der Weltgesundheitsorganisation WHO leiden elf Prozent der Menschen dauerhaft an Hunger, das heißt an Mangel- und Unterernährung mit gesundheitsbedrohlichen Energie- und Nährstoffdefiziten.[6] Während 822 Millionen Menschen weltweit hungern, werden demgegenüber jedes Jahr 1,3 Milliarden Tonnen genusstaugliche Lebensmittel weggeworfen.[7]
- Obwohl wir wissen, dass über die Tiermast, so die Schätzungen, mehr als 90 Prozent[8] des Eiweißes aus den Futtermitteln verloren geht, werden gerade einmal 5 Prozent der weltweiten Sojaerträge von Menschen in Form von Sojasaucen, Sojadrinks, Tofu und anderen Lebensmitteln auf Sojabasis verzehrt. 20 Prozent werden als Sojaöl in der Kosmetikindustrie verwendet oder Fertigprodukten der Lebensmittelerzeugung zugesetzt. Die übrigen 75 Prozent der Welt-Sojaerträge finden Verwendung als Futtermittel für die Tiermast und landen im Fleisch.[9]

- Wenngleich wir erkennen, dass der Umweltwandel das Klima, unsere Atemluft, die Biodiversität und die Funktionskreise der Natur als Ganzes betreffen, fokussiert der heutige Umweltdiskurs stark auf die globale Erwärmung und auf Kohlendioxid. Neben dem Klimawandel gibt es noch viele andere Umweltprobleme und neben Kohlendioxid noch andere klimaschädliche Gase.[10]
- Der Welterschöpfungstag (Earth Overshoot Day) gibt an, an welchem Tag im Jahr der Verbrauch an Ressourcen das natürliche Nachwachsen der Ressourcen übersteigt. 2011 war dieser Tag der 27. September, 2013 der 20. August und 2021 fiel der Tag auf den 29. Juli.[11] Obschon die Fakten längst vorliegen, gelingt es uns nicht, nachhaltig mit unseren Ressourcen umzugehen.
- Der wirtschaftliche Stoffwechsel vergrößert sich ungebremst. Seit 1900 verdoppelt sich die Masse der Objekte, die wir Menschen herstellen, ungefähr alle zwanzig Jahre. Ein denkwürdiges Ereignis trat 2020 ein: Zum ersten Mal in der Geschichte hat die tote Masse die Biomasse übertroffen. Das heißt, seit 2020 gibt es mehr lebloses Zeug auf der Welt, als es Leben gibt.[12] Ein Ende dieser Entwicklung ist nicht abzusehen.
- Professor Partha Dasgupta von der Universität Cambridge, einer der angesehensten Umweltökonomen, hat nachgewiesen, dass unser «Naturkapital» pro Kopf, ein Maßstab für den ökonomischen Wert unseres Ökosystems, zwischen 1992 und 2014 um 40 Prozent gesunken ist, während das Sach- und Wissenskapital stark zugenommen haben.[13]
- Auch wenn die Atomkraft als Überbrückungstechnologie weiter genutzt wird, bleibt das zentrale Entsorgungsproblem ungelöst, und die Zahl der Generationen, die vor dem radioaktiven Abfall geschützt werden müssen, beträgt 34 483.[14]
- Durch die einseitige Fokussierung des globalen Gesundheitswesens auf Covid-19 rechnet man in Afrika mit 180 000 Malaria-Todesfällen bei Kindern. Es ist also davon auszugehen, dass die Coronamaßnahmen – wie zum Beispiel die Ausgangsbeschränkungen – zu gravierenden Kollateralschäden am Leben von Millionen von Menschen dieser Welt führen.[15]

Auch bei der Bewältigung von Herausforderungen auf nationaler Ebene, zum Beispiel im Gesundheitswesen, tun wir uns schwer, nachhaltige Lösungen zu finden. Innert zwanzig Jahren haben sich in der Schweiz die Gesundheitskosten pro Kopf in der obligatorischen Grundversicherung beinahe verdoppelt. Gemäß Forschung liegen die Ursachen dafür nicht im demografischen Wandel oder dem gestiegenen Stellenwert der Gesundheit, sondern bei dysfunktionalen Anreizen.[16] In der Politik erleben wir Blockbildungen und Pattsituationen, die die Lösungsfindung erschweren. Ebenfalls im beruflichen und privaten Umfeld fällt uns der konstruktive Umgang mit zwischenmenschlichen Konflikten und das Finden passender Lösungen schwer. Die irritierende und paradoxe Beobachtung lautet deshalb: **Trotz mehr Wissen, mehr ungelöste Probleme!**

Unsere Lösungsstrategien erweisen sich als unterkomplex

Die Wirklichkeit ändert sich pausenlos, sie macht große Sprünge. Es ist deshalb offensichtlich, dass uns in der globalen Welt, die so vernetzt und verletzlich ist, Antworten fehlen und die Qualität vieler Problemlösungen unbefriedigend und nicht nachhaltig ist. Die Lösungsstrategien sind nur kurzfristig wirksam, sie implizieren oft unbeabsichtigte, dysfunktionale Folge- und Nebeneffekte, sie trivialisieren und simplifizieren, ignorieren die Vernetztheit und erweisen sich offensichtlich als unterkomplex. Oder wie es der Unternehmer und Organisationsberater Uwe Rotermund formuliert: *Die Komplexität ist immun gegen traditionelle Problemlösungstechniken.*[17] Gemäß dem Grundgesetz der Kybernetik ist für die steigende Problemkomplexität eine entsprechende Lösungskomplexität und eine angemessene Erkenntniseinstellung erforderlich.[18] Diese Einstellung hat der Mathematiker John Allen Paulos wie folgt umschrieben. *Die einzige Gewissheit, die wir haben, ist Ungewissheit und das Wissen, wie mit dieser Unsicherheit umzugehen ist, bietet die einzige Sicherheit.*[19] Weshalb fällt es uns als Individuen und als Gesellschaft so schwer nachhaltig passende Antworten auf die anstehenden Herausforderungen zu finden? Überfordert uns die Komplexität der zu lösenden Probleme oder haben wir den Kontakt und die emotionale Verbindung zur Welt verloren? Sehen wir nicht mehr, was wir tun? Fehlt uns das vernetzte systemische Denken in Kontexten?[20] Ist es die kollektive Verantwortungslosigkeit und Entfremdung, die uns resignieren lässt? Liegt es daran, dass es uns nicht gelingt, die vorhandene Intelligenz zu mobilisieren und das verfügbare Wissen zu nutzen? Oder aber mangelt es uns schlicht und einfach an den geeigneten Methoden und Techniken zur Problemlösung? Mit Sicherheit sind die Ursachen vielfältig und ein **differenzierter Blick** scheint angezeigt.

Im gesellschaftlichen Diskurs erkennbar ist eine Tendenz zur Exkulpation. Wir neigen dazu, unser Versagen durch abstrakte exogene, durch uns nicht oder nur begrenzt beeinflussbare und zu verantwortende Faktoren wie zum Beispiel die zunehmende Vernetzung, Intransparenz, Nicht-Linearität, systemische Verknüpfung oder das dominante Wirtschaftssystem zu erklären. Wir suchen die Begründungen im Außen, also in der uns umgebenden Lebenswelt, und wir fokussieren unsere Energie darauf, diese so umzugestalten, bis sie zu unseren Vorstellungen passt. Dadurch erzeugen wir zwangsweise immer wieder neue Inkonsistenzen.[21] Mit einem zunehmend unguten Gefühl schauen wir weg und blenden aus und verdrängen die realen Bedrohungen wie zum Beispiel die Erderwärmung, das Artensterben, die Ungerechtigkeiten der Globalisierung oder die Post-Wahrheitsgesellschaft.[22] Dies führt auch dazu, dass wir viele unterschwellige Probleme gar nicht erkennen. Was uns fehlt, ist die Skepsis gegenüber uns selbst und die Bereitschaft, bei uns selbst zu beginnen. Das heißt, zu akzeptieren, dass das Unerwartbare erwartbar bleibt und dass wir nicht die Vielschichtigkeit und Beschaffenheit der hybriden und komplexen Probleme, wohl aber die Problemlösungs-Heuristik, das heißt die Form und das Verfahren, wie wir passende Lösungen finden, verändern können. Persönlich bin ich überzeugt, dass wir als Problemlöser maßgeblichen Anteil daran haben, dass die Anzahl ungelöster Probleme zu- und nicht abnimmt. Das heißt, **WIR, die Problemlösenden, sind das Problem!** Oder in den Worten des Soziologen Harald Welzer: *Ich selbst bin das Problem, das gelöst werden muss, wenn unsere Welt zukunftsfähig werden soll.*[23]

Eine wirkmächtige Heuristik

Wie aber könnte dieser andere Problemlösungs-Zugang aussehen? Reflektiere ich meine eigene Erfahrungswelt und stelle ich mir die Frage, in welchen Konstellationen ich erleben konnte, wie für anstehende Probleme funktionierende Lösungen entstanden sind, so erkenne ich den nachfolgenden Zusammenhang: Passende Lösungen für anspruchsvolle Probleme lassen sich finden, wenn es den an der Problemlösung Beteiligten gelingt, die kollektive Wissens-, Erfahrungs- und Intuitionsvielfalt zu nutzen und diese in einem echten Dialog gemeinsam weiterzudenken. Oder in formalisierter Form lautet die vordergründig einfach anmutende, in der Anwendung im praktischen Leben äußerst anspruchsvolle Problemlösungs-Heuristik:

Vielfalt x Dialog = höhere Qualität der Lösung

Die multiplikative Verknüpfung zeigt, dass Vielfalt ohne Dialoge und Dialoge ohne Vielfalt keinen Mehrwert stiften. Für die Güte einer Lösung bilden also Vielfalt und Varietät die Basis. Vielfältigkeit wird repräsentiert durch die an der Problemlösung beteiligten Personen mit ihrer Individualität (Persönlichkeits- und Gendervielfalt), ihrem Ausbildungshintergrund und ihren Sichtprämissen (Fähigkeits-, Fertigkeits-, Wissens-, Erfahrungsvielfalt und Denkdiversität), ihrer einzigartigen Lebensbiografie (kulturelle, ethnische und haltungsbezogene Vielfalt) und der daraus resultierenden Multiperspektivität; Vielfalt aber auch im Sinne der Nutzung der verfügbaren interdisziplinären Wissensbestände und der Mobilisierung der kollektiven Intelligenz und Intuition. Unter Intuition versteht der Psychologe Peter Kruse die Fähigkeit unseres Gehirns, jenseits des rationalen Verstehens Muster bilden zu können.[24] Diese kollektiven Muster und Verfahren sind für das Finden passender Lösungen entscheidend. Zu kreativen Kollisionen kommt es, wenn wir möglichst viele dieser Musterbildungen sowie Ideen aus unterschiedlichen Disziplinen und auch fachfremden Richtungen in die Lösungsfindung mit einbeziehen. In der Covid-Pandemie wurde eine App bereitgestellt, mit der sich Technikaffine einen Impftermin organisieren konnten.

Adressiert mit dieser Initiative hat man die Mittelschicht, der Verantwortung der gesamten Bevölkerung gegenüber jedoch wurde man nicht gerecht. Offensichtlich waren zu wenig Public-Health- und Sozialwissenschaftler beteiligt. Seit Jahrzehnten beschäftigt sich zum Beispiel die WHO in Genf mit der Frage, wie man Leute mit Kampagnen erreichen kann und wie sich Brennpunkte identifizieren lassen, in denen die meisten Menschen erkranken.[25] Vieles deutet also darauf hin, dass sehr viel Wissen brachliegt und von uns ignoriert wird.

Das Zulassen von Vielfalt ist anstrengend, erhöht primär die Komplexität und garantiert alleine noch keine bessere Problemlösung. Eine performantere Lösungsqualität kann nur entstehen, wenn die Beteiligten bereit sind, sich in produktive Konflikte zu begeben und von den verschiedenen Sichtweisen zu lernen sowie den Mehrwert der Vielfalt zu erkennen, und in der Lage sind, durch das dialogische (Weiter-)Denken **etwas Neues entstehen zu lassen.** In einem Dialog geht es nicht darum, vorgefasste und verfestigte Konstrukte zu postulieren, sich durchzusetzen oder rhetorisch mit der eigenen Meinung zu überzeugen und Recht zu haben. Es geht aber auch nicht um esoterische Harmonie, denn Harmonie verblödet, so der pointierte Titel der brandeins-Ausgabe 1/2004. Oder in den Worten von Albert Einstein: *Ein Abend, an dem sich alle Anwesenden völlig einig sind, ist ein verlorener Abend.* Im Vordergrund für alle Beteiligten stehen die Fähigkeit und Bereitschaft, um eine bessere Lösung zu ringen. Die Haltung also, durch kollaboratives Denken neue Einsichten, Erkenntnisse und eine Form der Weltergänzung zu finden. Oder mit anderen Worten: Gespräche, Diskussionen und Diskurse leben von der Verschiedenartigkeit ihrer Teilnehmenden und deren Bereitschaft, etwas Neues kennenzulernen. So konnte ich als Mitglied des Senats der Universität der Bundeswehr München erleben, wie befruchtend es sein kann, wenn eine Problemstellung von Vertreterinnen aus unterschiedlichen wissenschaftlichen Disziplinen reflektiert wird. In Sitzungen wurde mir immer wieder vor Augen geführt, wie begrenzt und einseitig der eigene Lösungsraum ist und wie öffnend die alternativen Sichtweisen und Perspektiven des Theologen oder Soziologen, der Luft- und Raumfahrtingenieurin, des Historikers oder der Pädagogin sind. Leider konnte ich aber ebenso beobachten, dass es dem Gremium nur ganz selten gelungen ist, dieses breite Disziplinenwissen für passende Lösungen zu nutzen. Mit eloquenten Welterklärern, selbstbewussten Experten und Überzeugten ist es fast unmöglich, gemeinsam um bessere Lösungen zu ringen und echte Dialoge zu führen. Auch an der im Herbst 2021 durchgeführten Klimakonferenz in Glasgow, mit 22 274 Delegierten, 14 124 Beobachtern und 3886 Journalisten aus 200 Ländern[26] war eine enorme Wissensdiversität und Perspektivenvielfalt vorhanden. Für das Finden passender Lösungen aber ist der Dialog und eine innere Haltung des gemeinsamen Weiterdenken-Wollens zwingend erforderlich. Oder anders ausgedrückt: **Damit das WIR zum Tragen kommt, müssen wir das ICH loslassen.**

Ohne Haltungsänderung keine besseren Lösungen

Demokratisch legitimierte Gesellschaften sind grundsätzlich prädestiniert in der Anwendung der postulierten Problemlösungs-Heuristik. Trotzdem finden sich auch unter diesen politischen Verhältnissen, nicht immer passende Lösungen. Ein Grund für die oft beklagte «Krise der Demokratie» liegt aus meiner Sicht gerade darin begründet, dass es uns in unseren hochentwickelten westlichen Wohlstandsgesellschaften immer weniger gelingt, in einer Haltung der Demut gemeinsam um passende Lösungen zu ringen. Der zentrale limitierende Faktor ist also nicht primär nur das fehlende Wissen, sondern unsere innere Haltung oder auf den Punkt gebracht: **Haltung entscheidet!**[27] Das heißt, unsere durch Werte und Moral determinierte Gesinnung und durch Erziehung und Bildung geprägte Denkhaltung bestimmen unseren Blick auf die Welt und beeinflussen die Qualität der Lösungsfindung. So tun wir uns schwer, in der Vielfalt einen Mehrwert zu sehen und echte Dialoge zu führen. Das uns leitende «Betriebssystem», mit dem wir in den unterschiedlichen Rollen als Ehepartner, Erziehende, Mitarbeiter, Fachexperte, Führungskraft, Wissenschaftlerin oder Politikerin tagtäglich an Lösungen arbeiten, ist offensichtlich anders programmiert. Geleitet durch wenig reflektierte eigene Annahmen, Überzeugungen und Ideologien überschätzen wir unser Wissen und wir glauben, die Antworten zu kennen. Wir fühlen uns legitimiert und verpflichtet, die Welt zu erklären. Wir tun uns schwer, Gewissheiten loszulassen und verteidigen die eigenen Privilegien. Das Ergebnis: Monologe statt Dialoge mit einer Tendenz zur Trivialisierung, Polarisierung, Diffamierung und Schuldzuweisung. Beste Voraussetzungen also dafür, dass wir für die drängenden Probleme unserer Zeit keine passenden Lösungen finden.

Wenn wir die Qualität der Problemlösungen verbessern wollen, müssen wir unsere Haltung und unsere Gesinnung ändern! Wir müssen **Problemlösung neu denken.** Dazu ist es erforderlich, dass wir unsere Haltung als einen Realitätsfilter[28] erkennen. Es gilt das Toxische und Dysfunktionale unserer Haltungssozialisation zu identifizieren und eine individuell radikal andere innere Haltung zu entwickeln, mit der wir uns als Akteure in die Problemlösung einbringen und uns an der Lösungsfindung beteiligen. Was wir benötigen ist eine neuartige Qualität von Demut, ich bezeichne sie als **INTELLEKTUELLE BESCHEIDENHEIT.** Ein gewichtiger Aspekt dieser Bescheidenheit besteht im Bewusstsein, dass die Dinge nicht selbstverständlich sind, die uns eigentlich selbstverständlich vorkommen. Diese Einsicht zu erreichen und zu verinnerlichen, ist gleichbedeutend mit einer persönlichen «Haltungs(r)evolution».

Der alternative Traum

Im Sinne einer vollendeten Zukunft lautet der merkwürdige und denkanstößige **Wunsch für das Übermorgen:**

Alle an einer Problemlösung Beteiligten legen den Habitus der Welterklärenden ab und begreifen die Realität als Eigenkonstrukt. Aus dem pluralen Wirklichkeits- und Wahrheitsverständnis entsteht eine befreiende Toleranz, die dazu führt, dass man nicht Recht haben muss. Somit wird es möglich, in Form echter Dialoge um bessere Lösungen zu ringen und gemeinsam klüger zu werden. Aus dem Nicht-Recht-haben-Müssen und dem produktiven Zweifeln resultiert die Souveränität, Unwissen zu akzeptieren. Das heißt, alle Beteiligten können ihr Nichtwissen und das eigene Überfordertsein eingestehen. Hieraus entsteht eine Neugier, die Fragezeichen tiefer zu setzen, die Logik des Beobachtbaren zu begreifen und handelnd ins Verstehen zu kommen. Daraus schöpfen wir den Mut, dem vordergründig Plausiblen zu misstrauen, Kontraintuitives, das heißt dem antrainierten Menschenverstand Widersprechendes, zu wagen und robuste Lösungen für die Probleme dieser Welt zu finden.

Die postulierte **INTELLEKTUELLE BESCHEIDENHEIT** bildet das Fundament dafür, dass es gelingen kann, Probleme besser zu lösen. Sie konkretisiert sich in Form von fünf zentralen **Haltungsprinzipien,** die sich zirkulär beeinflussen und bedingen. Sie erst machen es möglich, den Mehrwert von Vielfalt zu sehen, die kollektive Intelligenz zu nutzen, echte Dialoge zu führen und gemeinsam weiterzudenken. Das Resultat bilden passende, für den jeweiligen Kontext funktionierende Lösungen, die von den Beteiligten als erfüllend erlebt werden. Das Erreichbare vermittelt ein Gefühl der individuellen Selbstwirksamkeit. Unter Selbstwirksamkeit versteht die kognitive Psychologie die Überzeugung einer Person, auch anspruchsvolle Herausforderungen bewältigen zu können und niemals nur ein passiv-wehrloses Opfer der Umstände zu sein.[29] Die nachfolgende Abbildung verdeutlicht den Zusammenhang.

Problemlösung neu denken

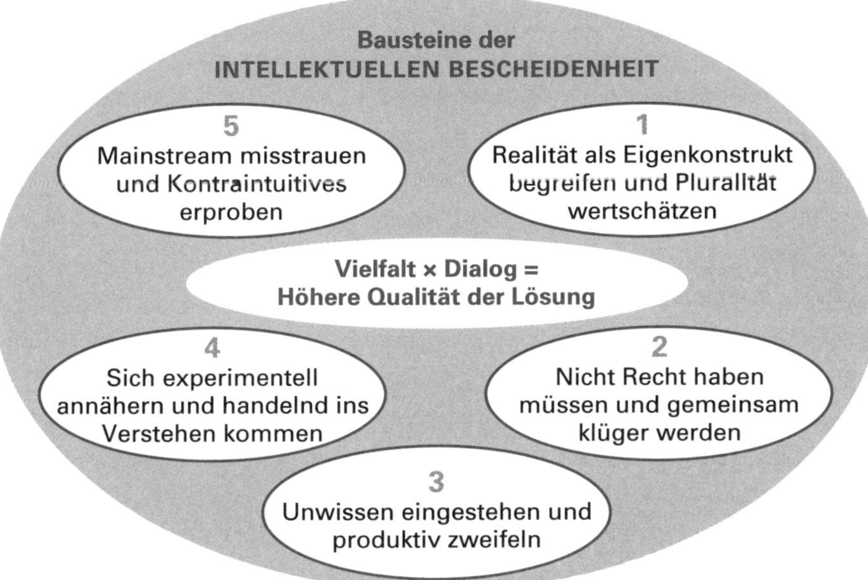

Liebe Leserin, lieber Leser, ich kann mir gut vorstellen, dass bei Ihnen die postulierten Haltungsprinzipien leichte innere Widerstände hervorrufen. Möglicherweise erachten Sie deren Anwendung als illusorisch und reichlich utopisch. Lassen Sie sich im Folgenden von den Gedanken und Überlegungen zu den fünf, die **INTELLEKTUELLE BESCHEIDENHEIT** konturierenden Tugenden überraschen, und vielleicht entdecken und erleben auch Sie die Limitierungen des eigenen Haltungsrepertoires. Ein Denkabenteuer mit allfälligen Nebenwirkungen, aber auch mit der faszinierenden Perspektive, dass sich die eigene Sicht tiefgreifend verändern könnte.

1

Realität als Eigenkonstrukt begreifen und Pluralität wertschätzen

Einzuübende Routine:
Let's agree to disagree

«Wer einsieht, dass er seine Wirklichkeit selbst konstruiert, der ist wirklich frei.» *Paul Watzlawick*

Realität als ein Produkt der eigenen Wahrnehmung begreifen

Tagtäglich erleben wir das auffällige Sendungsbewusstsein vieler Mitmenschen. Und wir alle werden im Berufsalltag, im Freundeskreis, in der Familie und der Gesellschaft unaufhörlich über das Tatsächliche, Reale, Wahre und Ideale belehrt. Zum Wesen des Überzeugtseins gehört es, dass wir unser Weltbild für wahr im Sinne von real existent und mit der Realität korrespondierend halten und dass wir uns mit missionarischem Eifer für das vermeintlich Objektive und Wirkliche einsetzen. Aber können wir so einfach sagen, wie die Wirklichkeit tatsächlich ist und was als wahr oder falsch zu gelten hat? Entspricht das, was wir über unsere Sinne wahrnehmen, tatsächlich dem, was wirklich existent ist? Eigenschaften von Dingen sind anders, als wir sie wahrnehmen. So haben Objekte keine Farben. Diese sehen wir durch unser Nervensystem. Oder in Konfliktsituationen erleben wir, wie jede und jeder in ihrer und seiner «Welt» lebt und in dieser Recht hat. Leider bedeutet also **Überzeugtsein nicht dasselbe wie Wissen**. Wer diesen entscheidenden Unterschied nicht versteht, der kann nur schwer akzeptieren, dass von der eigenen Meinung abweichende Einschätzungen und Auffassungen für die Lösungsfindung mehrwertstiftend sein können.

Der einseitige Fingerzeig auf die narzisstischen Welterklärer aber greift zu kurz. Im Alltag suchen wir alle das Welterklärende und wir fordern es geradezu ein. So erwarten wir von Politikern, Managern und Wissenschaftlern eindeutige Erklärungen. Das Offene, Ungeklärte und Unerklärbare wirkt suspekt und irritierend, und je größer die empfundene Unsicherheit, desto ausgeprägter der Wunsch nach den uns Orientierung gebenden Antworten. Will Shortz von der New York Times gilt als der Kreuzworträtsel-Autor der Welt. Zur Faszination der Rätsel sagt er: *Beim Rätseln hingegen gibt es eindeutige Lösungen, und am Ende ergibt alles einen Sinn. Ich glaube, der Mensch sehnt sich tief in seinem Inneren nach Vollständigkeit.*[30]

Welterklärende erklären Welterklärenden die Welt

Stellen wir uns das folgende fiktive Szenario vor: Im Rahmen des am 16. Januar 2021 erstmals durchgeführten digitalen Parteitags der CDU in Deutschland hätte einer der drei für das Parteipräsidium aspirierenden Kandidaten seine Bewerbungsrede auf die nachfolgenden Botschaften fokussiert: «*Wir stehen vor großen Herausforderungen und ich bin gewillt, diese mit der mir zur Verfügung stehenden Energie anzugehen. Ich bin überzeugt, dass niemand das Drehbuch zur Lösung der anstehenden Probleme kennt und kennen kann. Deshalb verpflichte ich mich, die Rahmenbedingungen zu schaffen, dass wir in offenen, dialogischen Prozessen – unter Nutzung der Intelligenz im Kollektiv – nachhaltige und passende Lösungen finden können. Bei diesem Ringen um bessere Lösungen garantiere ich, dass ich mich stets von rechtsstaatlichem Handeln leiten lasse und ehrlich sein werde.*» Mit dieser alternativen Rede hätte der Kandidat wohl kaum das Vertrauen der 1001 Delegierten gewonnen und eine reelle Chance für die Wahl zum Parteivorsitzenden gehabt. Zu groß das Delta zwischen den erwarteten und gesendeten Botschaften. Überzeugend und vertrauensvoll wirkt eine Persönlichkeit, die eine klare Position vertritt und klare Kante, insbesondere gegenüber politisch Andersdenkenden, zeigt. Eine Persönlichkeit, bei der man weiß, woran man ist, die ein **klares Bild von der Realität** hat, Antworten auf die drängenden Fragen kennt, Zuversicht versprüht und visionäre Lösungen verspricht. Mit anderen Worten, die Welt vollkommen deutet und die objektive Wahrheit kennt und vertritt.

Vertrauen und Sympathie bilden sich im Abgleich der eigenen Meinung und Vorstellung mit denjenigen des Gegenübers. Je kongruenter die Weltbilder, desto größer die Sympathiewerte. Dieses Vergleichen lässt erkennen, dass sich stets Welterklärende begegnen, das heißt, auch alle Delegierten ihr Weltbild haben und – in der Regel nicht ganz so lautstark und eloquent wie die Politiker – als Welterklärende auftreten. Mit anderen Worten: Im Alltag und in allen Lebensbereichen erklären Welterklärende Welterklärenden die Welt. In diesem Diskurs dominieren die **Leitunterscheidungen, wahr–falsch, Recht–Unrecht, Sieger–Verlierer**. Unterstellt wird Eindeutigkeit, und Mehrdeutigkeit wird als verwerfliche Beliebigkeit erlebt. Gerade bei der Lösung komplexer Probleme aber hat das Ausblenden von Ambiguität fatale Konsequenzen. Es unterminiert die Toleranz, Abweichendes wertzuschätzen und verstehen zu wollen und in der Uneindeutigkeit und Unterschiedlichkeit einen Mehrwert zu sehen. Es behindert die Bereitschaft, sich auf andere Ansichten einzulassen und alternative Perspektiven einzunehmen, Grautöne zu sehen und die eigenen Erfahrungen nicht als Referenz zu verstehen. Im Extremfall führt es – wie im amerikanischen Wahlkampf erlebt – zu einer Hetzjagd auf Andersdenkende und zur Diffamierung von Mitmenschen mit abweichenden Sichtweisen und Standpunkten. Insbesondere aber erhöht es den Druck, stets Lösungen kennen und Recht haben zu müssen. Selbst in der durch maximale Unsicherheit geprägten Pandemie war der Anreiz für viele Experten groß, eindeutige Antworten für prinzipiell unbeantwortbare Fragen kennen und geben zu müssen. Weshalb aber beobachten wir, was wir beobachten? Welche Logik verbirgt sich dahinter?

Das (Ab-)Bild der Realität als Fiktion

Aufgrund unserer Erziehung und erlebten Bildung gehen wir davon aus, durch unsere Sinnesorgane ein tatsächliches Bild in Form eines Abbildes von der Realität zu haben, und wir sind überzeugt, dass es eine Tatsachenwahrheit[31] gibt. Diese Überzeugung ist in unserem Kulturkreis stark ausgeprägt. Die Wirklichkeit, wie ich sie sehe, ist also für mich real und richtig. Die hinter dieser Gewissheit liegenden Annahmen lauten: Es gibt eine für uns alle zugängliche, das heißt **beobachterunabhängige Realität und Wirklichkeit.** Alle sehen das Gleiche und interpretieren das Beobachtbare in identischer Form. Somit ist die **tatsachenbasierte reale Realität** erschließbar und zugänglich.

Erste fragwürdige Prämisse – Tatsächliche Erschließbarkeit der Realität und Wirklichkeit

Während vieler Jahre hielt ich an der Universität der Bundeswehr München für die Masterstudenten die Vorlesung «Einführung in die Wissenschaftstheorie». Dabei konnte ich immer wieder feststellen, wie erschreckend wenig sich Studierende in ihren bisherigen Bildungsjahren mit den Formen der Wirklichkeitserzeugung und der kantischen Grundfrage, **«Was kann ich wissen?»**, wirklich auseinandergesetzt haben. Unreflektiert wird die selbstverständlich und plausibel erscheinende, seit der Antike bis in die Gegenwart bekannte positivistische, abbildfixierte Sichtvorstellung oder Widerspiegelungstheorie unterstellt. Vertreten wird die Auffassung, dass wir mit unseren Sinnesorganen die uns umgebende Realität vollständig erfassen und wiedergeben können. Vor uns liegt eine unbestreitbare Wirklichkeit, die wir unmittelbar und objektiv erkennen können, weil sich unsere visuellen, akustischen, taktilen und geschmacklichen Sinne in der Auseinandersetzung mit der objektiven Wirklichkeit erst entwickelt haben und ihr also entsprechen müssen.[32] Aber schon allein unser anatomisch-optischer Apparat limitiert unsere Wahrnehmungsfähigkeit. So können Menschen Infrarot- und Radiowellen sowie die Gammastrahlen nicht wahrnehmen oder verfügen im Vergleich zu Wildschweinen über ein deutlich limitiertes Geruchsspektrum. Diese riechen mit ihren 200 Millionen Riechzellen zehnmal besser als wir Menschen. Das heißt, jedes Lebewesen kann aufgrund seiner biologischen Disposition bestenfalls **Bruchstücke der Umwelt** wahrnehmen.

Obwohl uns der klärende Blick in den Kopf unserer Mitmenschen verwehrt ist und wir nicht überprüfen können, ob die Abbilder identisch sind und wir diesen die gleiche Bedeutung zuordnen, gehen wir von einer tatsächlichen Erschließbarkeit der Wirklichkeit und Realität aus. Wir glauben als beobachtendes Subjekt, zu erkennen, was ist, das heißt, die Welt so zu sehen, wie sie wirklich ist, und wir schließen Subjektivität aus. Der Psychologe Lee Ross bezeichnet diesen Mechanismus als **naiven Realismus**.[33] Unsere subjektive Wahrnehmung setzen wir mit objektiver Wahrheit gleich und halten diese für die Realität. Stellt ein Ereignis diese Realität infrage, konstruiert unser Verstand Geschichten, um Widersprüche zu entkräften. Wir suchen so lange nach Narrativen, bis wir uns das Unerklärliche doch noch erklären können.[34]

Wie kommt die Welt in unseren Kopf?

Eine zweite zentrale Frage, mit der wir uns beschäftigen sollten, lautet: Können wir die objektive Wirklichkeit und Realität überhaupt rational erfassen? Längst wissen wir, dass wir alle sehr selektiv wahrnehmen. Unser Gehirn muss Energie sparen, und deshalb findet stets eine Konzentration auf Wesentliches statt. Unser Auge sieht nur einen kleinen Ausschnitt der Umgebung scharf. Dieser ist zehntausendmal kleiner als das Gesichtsfeld. Dennoch ist das Gehirn stark beschäftigt, sobald die Augen offen sind. Zur Verarbeitung der Signale der 130 Millionen Fotorezeptoren unserer Augen ist ein Drittel der Rechenleistung des Cortex erforderlich.[35] Bewusste Sinneseindrücke verharren für ungefähr fünf Sekunden in unserem Augenblicksgedächtnis. Wenn der Eindruck hinreichend neu und wichtig ist, wird er für zwanzig und mehr Sekunden im Arbeitsgedächtnis weiterbearbeitet.[36] Das Sehen als biologische Funktion ist also viel komplexer, als wir denken, und es besteht aus sukzessiv ablaufenden Einzelprozessen. Ein Lichtstrahl fällt auf das Auge und passiert die Augenlinse. Dort wird er gebündelt und auf die Netzhaut geworfen. Durch die Netzhaut wird der Lichtstrahl in elektrische Signale umgewandelt und über den Sehnerv durch einen neuronalen Vorgang ins Sehzentrum im Hinterkopf geleitet. Der Akt des Sehens findet im wenige Kubikzentimeter großen Sehzentrum statt. Das heißt, alle Bilder und Ereignisse erleben wir in diesem kleinen und völlig dunklen Organ. Wenn wir also sagen, wir sehen, dann sehen wir die elektrischen Signale in unserem Hirn. Unser Gehirn wird nicht mit dem Original der um uns herum bestehenden Welt und den realen Materien konfrontiert, sondern nur mit Kopien. Oder mit den Worten des Biologen und Hirnforschers Gerhard Roth: … *in unserer Wahrnehmung und in unserem Denken ist uns die be-*

wusstseinsunabhängige Welt, die Realität, nicht direkt zugänglich. Was als Seh-, Hör- und Tasteindrücke empfunden wird, spiegelt nicht die Beschaffenheit der auf die Sinnesorgane einwirkenden Ereignisse wider, vielmehr sind alle Sinnesempfindungen **reine Konstrukte** *in dem Sinne, dass ihre empfundenen Eigenschaften vollständig auf die Aktivität des Gehirns zurückgehen und nicht auf die Natur der Reize.*[37] Das bewusste Sehen ist ein neuronaler Vorgang, und im Moment des Sehens wird ein subjektiv interpretiertes Bild gedacht, dessen Eigenschaften im Gehirn des Beobachters konstruiert werden. Psychologische Untersuchungen belegen, wie komplex das Entstehen bewusster Wahrnehmungen ist. Unser visuelles System nimmt viele aufwändige «Berechnungen» vor, bevor wir etwas bewusst sehen. Das, was vor unserem inneren Auge zu liegen scheint, ist ein komplexes Konstrukt unseres Gehirns. Das meiste davon stammt nicht aktuell von den Sinnesorganen, sondern aus unserem **sensorisch-kognitiven Erfahrungsgedächtnis.**[38] Der österreichische Philosoph und Psychotherapeut Paul Watzlawick erläutert diesen Zusammenhang mit seinem bekannten Beispiel vom Wanderer: *Ein blinder Wanderer, der den Fluss jenseits eines nicht allzu dichten Waldes erreichen möchte, kann zwischen den Bäumen viele Wege finden, die ihn an sein Ziel bringen. Selbst wenn er tausendmal liefe und alle die gewählten Wege in seinem Gedächtnis aufzeichnete, hätte er nicht ein Bild des Waldes, sondern ein Netz von Wegen, die zum gewünschten Ziel führen, eben weil sie die Bäume des Waldes erfolgreich vermeiden. Aus der Perspektive des Wanderers betrachtet, dessen einzige Erfahrung im Gehen und zeitweiligen Anstoßen besteht, wäre dieses Netz nicht mehr und nicht weniger als die Darstellung der bisher verwirklichten Möglichkeiten, an den Fluss zu gelangen. Angenommen der Wald verändert sich nicht zu schnell, so zeigt das Netz dem Waldläufer, wo er laufen kann, doch von den Hindernissen, zwischen denen alle diese erfolgreichen Wege liegen, sagt es ihm nichts, außer dass sie eben sein Laufen hier und dort behindert haben. In diesem Sinn passt das Netz in den wirklichen Wald, doch die Umwelt, die der blinde Wanderer sieht, enthält weder Wald noch Bäume, wie ein außenstehender Beobachter sie sehen könnte. Sie besteht lediglich aus Schritten, die der Wanderer erfolgreich gemacht hat, und Schritten, die von Hindernissen vereitelt wurden, (…).*[39] So wie der blinde Wanderer seine Vorstellungen von seiner Umwelt nur aus den Berührungen mit den spürbaren und real existierenden Hindernissen aufbauen kann, die seine Bewegungsfreiheit beschränken, so bauen auch wir Sehenden unser Weltbild. Die Weltsicht wird ich-synton, wie es die Psychoanalyse nennt. Das heißt, mein Denken, Handeln und Empfinden sind eins mit mir und der Welt.[40] Was ich kenne, limitiert meine Vorstellungskraft, was ich glaube, determiniert, was ich sehe, wohin ich blicke, bestimmt, was ich sehe. Oder mit den Worten der Schriftstellerin Anaïs Nim: **Wir sehen die Dinge nicht, wie sie sind, sondern wie wir sind.**

Alle diese subjektiven Eigenkonstruktionen entstehen aus der individuellen Interpretationsleistung. Wir also geben den Dingen ihre Bedeutung, und ohne Deutung würden wir keine Zusammenhänge erkennen. Oder mit den Worten des Biologen Humberto Maturana: *Es ist also nicht das Auge, das irgendetwas wahrnimmt, das Ohr oder die Nase, sondern* **immer sind es Nervenreize, die im Gehirn Prozesse auslösen,** *und in jedem Gehirn andere, abhängig von bisherigen Erfahrungen, momentanen Gefühlen, Umwelteinflüssen und vereinzelt auch genetischen Vorentscheidungen.*[41] Der Psychologe Hans Joachim Markowitsch konnte zudem nachweisen, dass das menschliche Gedächtnis nicht wie der Speicher eines Computers funktioniert. Input ist da nicht einfach gleich Output. Alles wird subjektiv eingefärbt. Dies lässt sich beispielsweise feststellen, wenn wir mit Freunden die Erinnerungen an gemeinsam erlebte Urlaube austauschen. Alle Beteiligten memorieren die Erlebnisse unterschiedlich. Die persönlichen Erinnerungen werden sogar oft mit Inhalten aus Filmen oder Romanen vermischt, die wir gesehen oder gelesen haben. Offensichtlich scheint es in der menschlichen Natur zu liegen, dass wir unsere Memoiren, meist unbewusst, erfinden ausschmücken und zurechtbiegen, wenn sie unserer inneren Konsistenz und Stimmigkeit dienen.[42] Oder wie es die Regisseurin Alda Alan formuliert: *Deine Annahmen sind die Fenster, durch die du die Welt siehst. Du musst sie von Zeit zu Zeit abwischen, damit das Licht reinkommt.*

In unserem Leben sind wir also nicht nur Passagier, sondern auch Pilot, und für einen Großteil von dem, was wir erleben, sind wir selbst verantwortlich. Unsere Wahrnehmung und daraus abgeleitet unser Denken liefern uns nur Repräsentationen unserer gesammelten Erfahrungen. Sie bestimmen das Erleben, formen unsere Realität, unseren Charakter und unser Gehirn. Da dieses sich kontinuierlich verändert, ist die Analogie des Körpers als Hardware und des Gehirns als Software nicht zielführend. Software schreibt ihren eigenen Code nicht ständig um. Unser plastisches Gehirn verändert sich aber in dem Moment, in dem es neue Erfahrungen sammelt, und dieses veränderte Gehirn häuft im nächsten Moment wieder neue Erfahrungen an und verändert sich. Dieser zirkuläre Prozess hat kein Ende.[43]

Vielfältige und unbewusste Wahrnehmungs-Verzerrungen

Wir alle unterliegen Betrachtungs-, Empfindungs- und Urteilsfehlern. Die Psychologie unterscheidet zwischen Bias und Noise, also zwischen einer systematischen und einer willkürlichen Abweichung von der optimalen Entscheidung. Bei der Wahrnehmung unseres Umfeldes sind wir unerkannten Wahrnehmungsverzerrungen ausgeliefert und es gilt: **If you have a brain, you are biased!**[44] So sind wir unbewussten Vorurteilen, Täuschungen ausgesetzt und wir werden von nicht beeinflussbaren Kontextfaktoren gelenkt. Die Kognitions- und die Evolutionspsychologie unterscheiden verschiedene Formen der Verzerrung, denen wir bei der Konstruktion von Wirklichkeit unterliegen, so unter anderem den Ambiguity Bias, der die Abneigung gegen neue Wege und den Hang zur Rückwärtsgewandtheit erklärt. Der Confirmation Bias bezeichnet die Tendenz, gezielt nach Informationen zu suchen, die die eigene Meinung bestätigen, und Beobachtungen, die der eigenen Überzeugung widersprechen, zu ignorieren. Beim Desirability Bias halten wir eher für wahr, was wir uns wünschen. Oder der Negativity Bias, der unseren Vorfahren half zu überleben, besagt, dass unser Gehirn aufgrund der evolutionär geprägten Gefahrenabwehr, negative Botschaften etwa viermal häufiger und intensiver wahrnimmt als positive.[45] In der Psychologie wird die Beobachtung, dass viele Menschen das Gefühl haben, es gehe immer so weiter und es könne sich kaum etwas ändern, Normalcy Bias genannt. Die Tendenz, Maßnahmen zu initialisieren, obwohl Nichtstun angezeigt wäre, wird als Action Bias bezeichnet.

Unser Verhalten wird aber auch durch weitere, unbewusst wirkende Faktoren gelenkt. In einer bemerkenswerten israelischen Studie, konnte nachgewiesen werden, wie der Blutzuckerspiegel die Entscheidungsfindung bei Richtern beeinflusst. Wir alle gehen davon aus, dass Richterurteile mehrheitlich auf Gesetzen und Fakten basieren und Richterinnen rational entscheiden. Die ahnungslosen Studienteilnehmenden waren acht Bewährungsrichter mit durchschnittlich zwanzig Jahren Berufserfahrung. Ihre Aufgabe bestand darin, Anträge auf bedingte Entlassung zu prüfen. In der Studie erfasst wurden die genaue Zeit der Beschlussfassung und die Zeiten der Essenspausen. Die Resultate sind *überraschend.* Zu Beginn jeder Phase, das heißt direkt bei Arbeitsbeginn und nach dem Morgenessen, nach dem Snack um circa halb elf am Vormittag sowie nach dem Mittagessen wurden etwa fünfundsechzig Prozent der Anträge bewilligt. Im Verlauf der jeweils nächsten zwei Stunden sank die Bewilligungsquote stetig bis auf circa null Prozent unmittelbar vor der nächsten Mahlzeit. Nach Ausschluss allfälliger weiterer Beeinflussungsfaktoren gibt es nur eine plausible Erklärung: Erschöpfte und hungrige Richterinnen wählen den leichteren Weg, die Ablehnung des Gesuchs. Die Neurowissenschaft hat dazu eine plausible Erklärung: Das Hirn verbraucht bei anstrengender Denkarbeit bis zu fünfzig Prozent der in unserem Körper vorhandenen Glukose und des Sauerstoffs.[46] Wie unendlich groß muss das **Spektrum unbewusster Wahrnehmungsverzerrungen** sein, wenn bereits Pausen und Snacks in der Lage sind, die Urteile von Richtern zu beeinflussen? Andere Studien zeigen, dass auch die Außentemperatur einen Einfluss auf das Urteil von Richtern haben kann. Bei hohen Temperaturen haben Asylbewerber schlechtere Aussichten auf einen positiven Entscheid als bei Kälte. Der Verhaltensforscher Uri Simonsohn fand heraus, dass sich die Mitarbeiter universitärer Zulassungsstellen an bewölkten Tagen stärker auf Schulnoten, an sonnigen Tagen eher auf außerschulische Qualitäten fokussierten. Oder die Ablehnung hatte ganz andere Gründe. Der Beamte war hungrig oder der Fußballverein seines

Herzens hatte am Vortag ein wichtiges Spiel verloren. So unglaublich dies alles klingt, Studien zufolge können sich all diese Kontextfaktoren auf die Entscheidungen von Kreditsachbearbeiterinnen, Sportschiedsrichtern, Ärzten und Richtern auswirken. Das heißt, das menschliche Urteilsvermögen wird von einer Vielzahl von willkürlichen und unvorhersehbaren Faktoren beeinflusst. Die Psychologie spricht vom sogenannten Noise: von einem **störenden Rauschen,** das die Ergebnisse menschlicher Entscheidungen zufällig und unberechenbar steuert.[47]

Zweite fragwürdige Prämisse – Existenz einer absoluten Wahrheit

Wenn wir nicht erkennen können, wie in Wirklichkeit ein Ding beschaffen ist, wenn Dinglichkeit immer ein Produkt der eigenen Wahrnehmung ist, dann sind wir auch nicht in der Lage, Tatsachen im Sinne von Wissen über die Welt zu belegen und **die absolute Wahrheit** zu kennen. Das heißt, auch die Wissenschaft kann nicht uneingeschränktes, sondern nur vorläufiges Wissen produzieren. Das von Platon überlieferte, klassische Verständnis von Wissen als eine wahre, begründete und gerechtfertigte Überzeugung[48] gilt es somit zu relativieren. Die Tatsache, dass Wissen immer nur vorübergehend ist, bedeutet aber nicht, dass es auch beliebig ist. Leitidee der Wissenschaft bleibt die Wahrheitsfindung, aber es gibt weder *die* Wissenschaft noch eine *einzige* wissenschaftliche Wahrheit. Auch Wissenschaft erzeugt ihre Realitäten in Abhängigkeit der eigenen Logik.[49] Forscherinnen und Forscher liefern Annäherungen, die überprüfbar, kritisierbar und falsifizierbar sind. Der Wahrheit als regulatives Ideal können wir uns also nur annähern. Dies schmälert nicht die Bedeutsamkeit und gesellschaftliche Relevanz wissenschaftlicher Aussagen. Sie haben eine andere Wertigkeit als bloße Behauptungen und Vermutungen.[50] Die Covid-Pandemie hat gezeigt, dass es je nach Perspektive unterschiedliche Wahrheiten auf Zeit gibt: die biologische, virologische, epidemiologische, pädagogische und gesellschaftliche Wahrheit. Es ist ratsam, nicht einer Wahrheit zu vertrauen und den Mut zu haben, Wahrheiten wohlwollend anzuzweifeln, ohne allerdings Verschwörungstheorien zu erliegen. Wissenschaft liefert Aussagen, die Erklärungswert und Wahrheitscharakter haben. Und, wie in der Pandemie erlebt, müssen Politiker entscheiden, was mit diesen Erkenntnissen gemacht wird.[51]

Die beiden zentralen, eingangs erwähnten Annahmen der Welterklärenden, dass das eigene Weltbild real und richtig sei und sich das Objektive, Wirkliche und Wahre erkennen lasse, erweisen sich somit als zweifelhaft. Die eine richtige oder falsche Sicht gibt es also genauso wenig wie die absolute Wahrheit. Oder wie es in einem chinesischen Sprichwort heißt: *Jedes Ding hat drei Seiten, eine, die ich sehe, eine, die du siehst, und eine, die wir beide nicht sehen.*

Wie aber könnte eine Alternative aussehen?

Konstruktivismus, eine Einladung zum Andersdenken

Als alternativer erkenntnistheoretischer Ansatz zur Abbildtheorie postuliert der radikale Konstruktivismus, dass die beobachterunabhängige Wahrnehmung oder die Vorstellung einer unverfälschten Wirklichkeit eine Fiktion darstellen. Er beruht auf der Prämisse, dass alles Wissen, wie immer man es auch definieren mag, nur in den Köpfen von Menschen existiert und dass das denkende Subjekt sein Wissen nur auf der Grundlage eigener Erfahrungen konstruieren kann. Unser **Gehirn kann Wirklichkeit nicht abbilden.** Was wir aus unserer erfahrensgeleiteten Konstruktion machen, das allein bildet die Welt, in der wir bewusst leben. René Descartes, der französische Philosoph, spricht von der res cogitans, das heißt, wir konstruieren uns durch den Geist und das Denken ein Bild. Dieses kann zwar in vielfältiger Weise aufgeteilt werden, in Dinge, Personen, Mitmenschen usw., doch alle Arten der Erfahrung sind und bleiben subjektiv. Auch wenn es aufgrund unserer biologischen Grundstruktur und unserem vergleichbaren sensorisch-neuronalen Apparat gute Gründe dafür gibt, dass eigene Erfahrungen und Konstrukte nicht gänzlich unähnlich mit denjenigen unserer Mitmenschen sind, hat man keinerlei Möglichkeit, zu prüfen, ob sie identisch sind. Auch die Quantentheorie widerlegt die Annahme einer objektiven, beobachterunabhängigen Realität und physische Objekte in Raum und Zeit sind also nicht so, wie wir sie sehen.[52] In der akademischen Philosophie gibt es allerdings eine große Debatte dazu, wie die Grundlagen der Quantenmechanik zu interpretieren sind.

Im Gegensatz zum Skeptizismus, der Erkenntnis von Wirklichkeit und Wahrheit infrage stellt, oder zum Solipsismus, der davon ausgeht, dass es nur ein ich gibt und dass nur das existiert, was ich mir vorstellen kann, leugnet der Konstruktivismus die ontologische Realität nicht. Diese lässt sich aber nicht rational und objektiv erfassen. Die Subjekt-(Beobachter-)Objekt-(Gegenstand-)Trennung gibt es nicht, und somit ist **Dinglichkeit stets ein Konstrukt der eigenen Wahrnehmung,** und diese Konstrukte sind kontingent, also auch anders möglich. Wahrnehmung und Erkenntnis basieren somit auf konstruktiven und interpretativen, nicht aber abbildenden Prozessen. Oder wie es der Philosoph und einer der Begründer des radikalen Konstruktivismus, Ernst von Glasersfeld, formuliert: *perception is reality!* Das erlebende Subjekt kann also nie ermessen, inwieweit das Erlebte durch die Eigenart seiner Erlebenstätigkeit verändert, verfälscht oder erzeugt wird. Denn ein Vergleich der Sinneswahrnehmungen mit dem Gegenstand ist unmöglich. Etwas erkennen zu wollen, was außerhalb der Erlebniswelt liegt, bleibt ein unlösbares Problem. Wissen ist deshalb immer auf Basis von Erfahrungen und nicht von Tatsachen konstruiert. Somit negiert der Konstruktivismus das wahrheitsgetreue, wahrheitsfähige und widerlegbare Wissen. Ohne Anspruch auf Wahrheit und Allgemeingültigkeit lässt sich nur viables, das heißt für einen Kontext passendes und funktionierendes Wissen finden. Wissen als viables Konstrukt, das es uns erlaubt, unsere Erlebniswelt stabil zu organisieren. Oder wie es Glasersfeld formuliert: *Ganz allgemein betrachtet, ist unser Wissen brauchbar, relevant, lebensfähig (…), wenn es der Erfahrungswelt standhält und uns befähigt, Vorhersagen zu machen und ge-*

wisse Phänomene (d.h. Erscheinungen, Erlebnisse) zu bewerkstelligen oder zu verhindern (…). Logisch betrachtet heißt das aber keineswegs, dass wir nun wissen, wie die objektive Welt beschaffen ist; es heißt lediglich, dass wir einen gangbaren Weg zu einem Ziel wissen, dass wir unter von uns bestimmten Umständen in unserer Erlebenswelt gewählt haben.[53]

In etwas weniger radikaler Form gehen Vertreter des sozialen Konstruktivismus davon aus, dass wir als Menschen über eine gemeinsame, **genetisch vorgegebene kognitiv-emotionale Grundausstattung** verfügen. Durch Habitualisierung in sozialen Beziehungen, in bestimmter sozialer Umgebung und Kultur besteht deshalb eine gewisse Einigkeit über unsere Konstruktionen.[54] Realität wird aber auch hier als Eigenkonstruktion verstanden. Das heißt, das eigene Weltbild ist und bleibt eine geistige Konstruktionsleistung. Auch die Neurowissenschaft bestätigt diese Position. Unsere Gehirne sind als informational voneinander abgeschlossen zu betrachten. Nach Gerhard Roth bedeutet dies, dass das Gehirn über die Sinnesorgane mit seiner Umwelt und seinem Körper in Kontakt ist, dass es aber diese Kontakte in Nervenimpulse mit neutraler Bedeutung umwandelt. Die mögliche Information muss also das Gehirn in jeweils individuell-subjektiver Art herausfiltern und konstruieren.[55] Die Neurobiologie geht davon aus, dass wir nicht von einer universell gültigen neuronalen Karte ausgehen können, sondern dass sich ihre Form und Größe von Mensch zu Mensch unterscheidet. In Experimenten konnte zudem gezeigt werden, dass neuronale Karten ihre Form verändern, je nachdem, was wir im Verlaufe unseres Lebens tun.[56]

Haltung leben – es beginnt bei mir!

Der Konstruktivismus ermöglicht es uns, die Realität konsequent als Eigenkonstrukt zu verstehen und ein plurales Wirklichkeits- und Wahrheitsverständnis auszubilden. Daraus resultiert eine befreiende Toleranz, die es mir als Problemlöser erlaubt, Vielfalt zu akzeptieren und zu schätzen.

Zur Entwicklung der Haltungsdisposition **«Realität als Eigenkonstrukt begreifen und Pluralität wertschätzen»** benötigen wir eine geistige Emanzipation, eine gelebte Bescheidenheit sowie eine neuartige Routine.

Eigene Denkkonstrukte aufbrechen und sich **geistig emanzipieren** bedeutet:

- Ich befreie mich von der Vorstellung, dass ich durch meine Sinnesorgane ein objektives Abbild der Welt erhalte, und ich bin mir bewusst, dass niemand mit Sicherheit wissen kann, wie die Wirklichkeit wirklich beschaffen ist.
- Ich akzeptiere, dass ich selbst durch meine Interpretation Realität konstruiere und dass die Subjekt-Objekt-Trennung eine Fiktion ist.
- Ich entpflichte mich vom Ideal einer absoluten Wahrheit, die ich finden muss und kann, und ich akzeptiere, dass niemand die universelle Richtigkeit kennt.
- Ich anerkenne, dass es nur vorläufige Wahrheiten geben kann, und ich verstehe Wissen als eine provisorische Vermutung. Sie hat nur so lange Bestand, bis sie durch neue Argumente widerlegt ist.

Aus der Akzeptanz dieser fundamentalen Prämissen resultiert eine besondere Qualität der persönlichen Demut in Form einer **INTELLEKTUELLEN BESCHEIDENHEIT**. In seiner ursprünglichen Bedeutung bezeichnet das Wort Demut den Mut zum Dienen.

Die **gelebte Bescheidenheit** lässt sich idealtypisch wie folgt beschreiben:

- Ich akzeptiere, dass wir alle in der eigenen Welt leben und Realität ein Eigenkonstrukt ist.
- Ich bin mir bewusst, dass uns lediglich Bruchstücke der Umwelt zugänglich sind und wir vielfältigen Wahrnehmungsverzerrungen unterliegen.
- Ich bin bereit, die Pluralität der Anschauungen zu billigen und die abweichenden Wirklichkeitskonstrukte nicht als Bedrohung, sondern als Bereicherung zu verstehen, sie wertzuschätzen und als gleichberechtigt anzuerkennen.
- Ich bin fähig, die eigene Weltsicht nicht als Referenz zu verstehen und ohne Anspruch auf Allgemeingültigkeit meine Sicht der Realität als eine unter vielen zu verstehen und diese auch anderen zur Verfügung zu stellen.

Diese Haltung wiederum schafft die Gelingensvoraussetzungen dafür, dass es möglich wird, vertraute Gewohnheiten zu durchbrechen und die Mächtigkeit einer andersgearteten Routine zu erleben. Routinen helfen, neue Gewohnheiten zu etablieren und sie lassen das Unvertraute mit der Zeit leichter annehmen. Es lohnt sich daher, Routinen zu entwerfen oder, wie es der Psychiater und bekannte Vertreter der systemischen Therapie Fritz B. Simon formuliert: *Man muss eine Routine etablieren zum Ändern der Routine.*[57] Wie aber könnte diese neue Gewohnheit aussehen?

Die **einzuübende Routine** lautet:
Let's agree to disagree – Abweichendes als Bereicherung empfinden
In Interaktionen widerstehe ich dem Reflex, die eigene Wirklichkeit als Referenz zu sehen, und ich fokussiere meine Energie und Aufmerksamkeit auf das Verstehen derjenigen Blickwinkel, Sichtweisen und Argumente, die von meiner Referenz abweichen. In diesen andersartigen, meine Eigenkonstruktion infrage stellenden und mich irritierenden Perspektiven sehe ich das Potenzial für neue Erkenntnisse. Ich akzeptiere, dass die jeweils eigene Sicht als eine der diversen «wahren» Sichten zu sehen ist. Oder in den Worten von Paul Watzlawick: *Der Andersdenkende ist kein Idiot, er hat sich eben eine andere Wirklichkeit konstruiert.* Die Tatsache der unterschiedlichen Wirklichkeitskonstruktionen, nicht aber deren Inhalt gilt es zu akzeptieren.

Mutmachende Denkangebote

Bei komplexen Problemen sind der Beitrag und Mehrwert des konstruktivistischen Denkens für das Finden nachhaltiger Lösungen augenfällig. Die Akzeptanz der Prämisse, dass mein Weltbild eine Eigenkonstruktion ist, wirkt als echter Augenöffner und ermöglicht es, eine andere Qualität an persönlicher Souveränität zu erlangen. Ich gehe von einem pluralen Wahrheits- und Wirklichkeitsverständnis aus, werde bescheidener, muss nicht Recht haben und Deutungshoheit beanspruchen. Ich kann der Voreingenommenheit wirksam entgegenwirken, das als sicher geglaubte eigene Wissen infrage stellen, Nichtwissen einräumen und ehrlich sein. Ich werde toleranter, gegenüber anderen Meinungen, Perspektiven und Ideen. Und schließlich verbessert sich meine Fähigkeit, vorurteilslos zuzuhören. Zentrale mentale Haltungsdispositionen und Sozialkompetenzen, die mir helfen, am Prozess des Ringens um bessere Lösungen teilzunehmen und somit einen substanziellen, mehrwertstiftenden Beitrag als Problemlöser zu leisten. Die Welt als Eigenkonstruktion zu begreifen und zu akzeptieren, ist nicht mit Beliebigkeit und unkritischem Relativismus gleichzusetzen. Infrage gestellt werden der beobachterunabhängige Zugang zur Realität und Wirklichkeit sowie das Konstrukt der absoluten Wahrheit. Zwei fundamentale Prämissen, die die Basis für mehr Pluralismus, Toleranz und Souveränität im Umgang mit Unterschiedlichkeit und der produktiven Nutzung von Vielfalt bilden.

«(Allgemein-)Bildung» als zentraler Hebel

Die Entwicklung der postulierten Haltung bedingt die Sensibilisierung unserer Gesellschaft für die Konsequenzen des auf der Abbildtheorie basierenden Wirklichkeits- und Wahrheitsverständnisses. Das Mittel dazu heißt (Allgemein-)Bildung. Es wäre deshalb sinnvoll auf allen Ausbildungsstufen, die Lehrpläne mit den basalen Themen der Wirklichkeitskonstruktion, des temporär und vorläufigen Wahrheitsverständnisses sowie den Möglichkeiten und Grenzen von Wissenschaft zu ergänzen. Somit könnten wir unseren Kindern den Zugang zu den unterschiedlichen erkenntnistheoretischen Ansätzen ermöglichen sowie die Auseinandersetzung mit deren Inhalten alters- und stufengerecht vermitteln. Damit ließe sich eine Haltung der Demut und Toleranz gegenüber dem Abweichenden und Andersartigen ausbilden. Dazu müssten Schulen vermehrt Freiräume erhalten, damit sie eigeninitiativ und experimentell diese Haltungsentwicklung umsetzen können.

Für das Einüben der Routine *«Let's agree to disagree»* hilft der bewusste und konsequente Verzicht auf die bereits erwähnten Leitunterscheidungen wahr – falsch, Recht – Unrecht und Sieger – Verlierer. Daraus entsteht die Bereitschaft, das eigene Weltbild stets als Eigenkonstrukt und nicht als Referenz zu verstehen. Für diese spezifische und so entscheidende **Qualität der Toleranz** ist viel Disziplin und persönliches Training erforderlich. Mut sollte uns dabei das Zitat des griechischen Universalgelehrten Aristoteles machen: *Wir sind das, was wir wiederholt tun!*

Selbstbeobachtung

Zur Arbeit an der postulierten Haltung **«Realität als Eigenkonstrukt begreifen und Pluralität wertschätzen»** erweist sich die bewusste Beobachtung des eigenen Verhaltens als nützlich. Für die intrinsisch motivierte Selbstbeobachtung und Selbstentwicklung empfiehlt es sich, erlebte Interaktionen zu analysieren und das Ergebnis in einem **Logbuch** zu dokumentieren. Als wertvolle Eintragungen erweisen sich möglichst konkrete Beschreibungen des im Alltag Erlebten zu den nachfolgenden hypothetischen Situationen:

Als ich akzeptieren konnte, dass **ICH die Welt erfinde** *und die Subjekt-Objekt-Trennung eine Fiktion ist …*

Als ich bereit war, **eigene Wahrheiten** *loszulassen …*

Als ich in der Lage war, abweichende Realitätskonstrukte **als Bereicherung zu verstehen,** *sie wertzuschätzen und als gleichberechtigt anzuerkennen …*

Als ich mich auf das Verstehen und nicht auf das Überzeugen konzentrieren konnte und ich den **Mehrwert von Pluralität** *erlebt habe …*

Zur Überprüfung der Anschlussfähigkeit der bisherigen Ausführungen, eignet sich die nachfolgende Selbstbefragung.

Reflexionsfragen zur Introspektion

- *Wie weit lasse ich mich vom gewohnten, auf Erfahrung basierenden Erklärungsmuster der Abbildlogik leiten?*
- *Wie anschlussfähig ist für mich die Vorstellung, dass ich selbst die Welt und Wirklichkeit erfinde und konstruiere?*
- *Bin ich bereit, zu erkennen, dass es keine absoluten, sondern nur temporäre Wahrheiten geben kann?*
- *Ist mir der feine Unterschied zwischen Überzeugtsein und Wissen bewusst?*
- *Kann ich mich auf die Routine* **«Let's agree to disagree»** *wirklich einlassen und im Abweichenden einen echten Mehrwert erkennen?*

Mit der nachfolgenden Weisheit bringt der legendäre chinesische Philosoph Laotse die Mächtigkeit der Perspektivenvielfalt auf den Punkt: *Was die Raupe das Ende der Welt nennt, nennt der Rest der Welt einen Schmetterling.*

Bescheidenheit wagen:
Pluralität der Anschauungen billigen statt Deutungshoheit verteidigen!

Zwischenfazit

Realität als Eigenkonstrukt begreifen und Pluralität wertschätzen

Geistige Emanzipation

- Ich befreie mich von der Vorstellung, dass ich durch meine Sinnesorgane ein objektives Abbild der Welt erhalte, und ich bin mir bewusst, dass niemand mit Sicherheit wissen kann, wie die Wirklichkeit wirklich beschaffen ist.
- Ich akzeptiere, dass ich selbst durch meine Interpretation Realität konstruiere und dass die Subjekt-Objekt-Trennung eine Fiktion ist.
- Ich entpflichte mich vom Ideal einer absoluten Wahrheit, die ich finden muss und kann und ich akzeptiere, dass niemand die universelle Richtigkeit kennt.
- Ich anerkenne, dass es nur vorläufige Wahrheiten geben kann, und ich verstehe Wissen als eine provisorische Vermutung. Sie hat nur so lange Bestand, bis sie durch neue Argumente widerlegt ist.

Gelebte Bescheidenheit

- Ich akzeptiere, dass wir alle in der eigenen Welt leben und Realität ein Eigenkonstrukt ist.
- Ich bin mir bewusst, dass uns lediglich Bruchstücke der Umwelt zugänglich sind und wir vielfältigen Wahrnehmungsverzerrungen unterliegen.
- Ich bin bereit, die Pluralität der Anschauungen zu billigen und die abweichenden Wirklichkeitskonstrukte nicht als Bedrohung, sondern als Bereicherung zu verstehen, sie wertzuschätzen und als gleichberechtigt anzuerkennen.
- Ich bin fähig, die eigene Weltsicht nicht als Referenz zu verstehen und ohne Anspruch auf Allgemeingültigkeit, meine Sicht der Realität als eine unter vielen zu verstehen und diese auch anderen zur Verfügung zu stellen.

Einzuübende Routine
Let's agree to disagree – Abweichendes als Bereicherung empfinden!

2

Nicht Recht haben müssen und gemeinsam klüger werden

Einzuübende Routine: Dialog statt Monolog

«It's hard to listen while you preach.» *Irische Rockband U2*

Rechthaben als Kompetenzbeweis

In den täglich ausgestrahlten Talkshows und Diskussionsrunden lässt sich eine dominante Charaktereigenschaft der Welterklärer offenkundig erfahren: Mit einer pointierten eigenen Meinung Kante zeigen, Recht haben und die Diskussion gewinnen. Leider aber korrelieren Meinung und Kompetenz selten miteinander. In einer konfrontativen, starrsinnigen und oft polarisierenden Art buhlen die Protagonisten um die Deutungshoheit. Mit klaren Antworten versuchen sie Kompetenz und Überlegenheit zu demonstrieren und sich selbst zu inszenieren. Sie reden nicht, sondern verkünden und verlautbaren. Getragen wird die Maske der Experten. Einziger Mehrwert dieser Selbstdarstellungen ist, dass die Zuhörenden Hinweise erhalten, wie das Gegenüber denkt, nicht aber Antworten auf die offenen Fragen. Das Drehbuch dieser TV-Inszenierungen verfolgt mediale, journalistische und politische Ziele. Die Sendung soll unterhalten, informieren und zur Sicherung hoher Einschaltquoten polarisierenden Protagonisten eine Plattform bieten. Mitbeeinflusst durch diese Debattenkultur erleben wir auch in unserem Alltag selten Mitmenschen, die zuhören, und nicht senden, und offen deklarieren, dass sie zu einer Thematik keine Meinung haben. Im Rahmen von Sitzungen, Diskussionsrunden oder Problemlösungsprozessen **wirkt Meinungsoffenheit suspekt, beliebig, inkompetent** und sie bildet deshalb eher die Ausnahme als die Regel.

Das Beobachtbare hat seine Logik, ja man könnte sogar von einer anthropologischen Konstante sprechen. Über Jahrtausende Kulturgeschichte hat sich die Haltung der Domination ausgebildet. Wir Menschen sind soziale Wesen, und für unser Selbstbild ist stets die Positionierung in einer Gruppe wichtig. In unserer aufgeklärten Welt zielen Erziehung und Bildung auf die Befähigung zur eigenständigen Meinung. Schon im frühen Alter fördern wir unsere Kinder bei der Ausformung und Verteidigung eigener Standpunkte. Im Laufe ihrer Entwicklung erleben sie, wie sich durch das Vertreten pointierter Meinungen Kompetenz aufbauen lässt. Sie erfahren, dass von ihnen klare Positionsbezüge erwartet werden, und sie lernen, dass Profil, Status und Karriere entscheidend von der Qualität der eigenen Meinung abhängen.[58] Verbunden mit diesem angelernten Anspruch, eigene, möglichst originäre Ansichten leidenschaftlich zu vertreten, ist leider auch die Ambition, Recht haben zu müssen. Der Zwang zur pointierten, rechthaberischen Position fordert auch die politische Parteienlogik und der öffentliche Raum. Erwartet wird eine alleinige Deutungshoheit, die sich auch medial nutzen lässt. Mit dem Zwang des Recht-haben-Müssens ist auch eine Dehumanisierung verbunden, das heißt eine Dämonisierung Andersdenkender.[59] Der andere ist von vornherein mein Gegner. Er behindert meine Entfaltung. Kultiviert wird die Abwehr, und nicht die Anerkennung. Die Wissenschaft bestätigt noch etwas anderes, wenig Überraschendes: Besserwisser sind im Vorteil und das **Rechthaben wirkt wie ein Selbstwert-Booster** erster Güte.[60] Elizabeth Krumrei-Mancuso, Bescheidenheitsforscherin an der kalifornischen Pepperdine University, konnte in mehreren Studien aufzeigen, dass Nichtwissen oft mit Selbstbewusstsein kompensiert wird.[61] Im Feminismus wird schon länger das Phänomen des «mansplaining» diskutiert, also die männliche Neigung, Frauen die Welt zu erklären, obwohl diese keinen Bedarf danach haben. Die Kulturhistorikerin und Essayistin Rebecca Solnit beschreibt in ihrem Artikel *«Wenn Männer mir die Welt erklären»* verschiedene erlebte Beispiele. In einem besonders krassen Fall empfiehlt ihr ein männlicher Welterklärer ein Buch, dessen Autorin sie selbst ist.[62] Welterklärende unterliegen zudem der fortlaufenden Verdummung. Je profilierter sie sind, desto größer die Gefahr, dass ihr Umfeld nur noch aus Jasagern, Schmeichlern und Duckmäusern besteht. Sie leben in einer Echokammer, hören nur noch ihre eigene Meinung und es fehlt der so wichtige Widerspruch.

Verzerrtes Selbstverständnis

Wir Menschen sind «Meiner», nicht Wisser,[63] und das Überzeugtsein von der persönlichen Meinung setzen wir oft mit dem Anspruch auf Richtigkeit des vertretenen Standpunktes gleich. Reflexartig neigen wir dazu, allem, was unseren vorgefassten Überzeugungen entspricht, Recht zu geben und alles andere als nicht richtig zu bewerten. Dabei überschätzen wir die eigenen kognitiven Fähigkeiten. So sind wir alle die besseren Autofahrerinnen, Fußballtrainer und aktuell auch Epidemiologen. Viele verhaltenspsychologische Studien zeigen, **dass wir im Durchschnitt alle überdurchschnittlich sind**. Eine Metaanalyse, die an der Universität von North Carolina und an der Iowa State University durchgeführt wurde und 22 Studien mit mehr als 200 000 Teilnehmern ausgewertet hatte, kommt zum Schluss, dass die meisten ihre Fähigkeiten im Vergleich zu anderen überschätzen. Die US-Psychologen David Dunning und Justin Kruger konnten in einer 1999 veröffentlichten Untersuchung zeigen, dass inkompetente Menschen ihre Leistung regelmäßig überschätzen, nicht in der Lage sind, ihre Inkompetenz zu erkennen und die überlegenen Kompetenzen von andern stetig unterschätzen. Diese Neigung beruht auf der Unfähigkeit, sich selbst unvoreingenommen zu beurteilen. Diese kognitive Verzerrung im Selbstverständnis inkompetenter Menschen wird als Dunning-Kruger-Effekt bezeichnet.[64] Der Psychologe und Nobelpreisträger Daniel Kahneman spricht in diesem Zusammenhang auch von der **Kompetenzillusion**. Er hält fest: *Die Kompetenzillusion ist nicht nur ein individueller Urteilsfehler; sie ist tief in der Kultur der Wirtschaft verwurzelt.*[65] Menschen wollen offensichtlich durch Wissen geblendet werden. Diese Verblendung wird aber auch durch gesellschaftliche Entwicklungen gefördert. In der von Klicks und Likes getriebenen und getrimmten Medienlandschaft werden Aussagen verkürzt, verzerrt und zugespitzt dargestellt. Der Kampf um die Aufmerksamkeit führt dazu, dass Debatten tendenziell immer direkter und polemischer geführt werden. Soziale Medien gestalten den Diskurs nicht demokratischer, sie enthemmen, und die Polarisierung wird als Stilmittel zur Profilierung genutzt. Ein Human Downgrading findet statt, das heißt eine Herabstufung der Aufmerksamkeit, des Gespürs für angemessenes Verhalten, der demokratischen Verständigungsprozesse und der sozialen Beziehungen.[66] Von der Informationsfülle überrollt, bereitet uns aber auch die Triage zwischen Fake-News und fundierter Information immer mehr Mühe und es wird praktisch unmöglich, Rechthaberei zu dekonstruieren. Wenn es keine Fakten mehr gibt, gibt es auch keine Lügen mehr.[67] Im Wettbewerb der Rechthaber werden deshalb die Plausibilisierung der unterschiedlichen Meinungen und die eigene Synthesebildung immer schwieriger. Daraus resultiert eine Gefahr für die Demokratie. In seinem Werk *«Theorie des kommunikativen Handelns»* zeigt der Philosoph Jürgen Habermas, dass für eine funktionierende demokratische Gesellschaft der herrschaftsfreie Diskurs, in dem alle Beteiligten ohne Angst ihre Argumente einbringen können, entscheidend ist.[68]

Recht-haben-Müssen verhindert das Finden passender Lösungen

Das Dysfunktionale am Recht-haben-Müssen und Für-wahr-Halten ist gravierend: Je ausgeprägter und rechthaberischer der Meinungswettbewerb geführt wird, desto stärker befinden wir uns in der Differenzlogik. Das heißt, wir versuchen uns mit unseren Aussagen von den Standpunkten anderer zu differenzieren, abzugrenzen und abzuheben. Wir operieren im Replik- und Duplik-Modus. Polarisierungen, Verbalradikalismus und Verhärtungen sind die Folge, und das Verbindende, Integrative und Synergetische bleibt auf der Strecke. Der Mehrwert der Perspektivenvielfalt wird nicht erkannt und ein gemeinsames Ringen um bessere Lösungen findet kaum statt. Mit noch pointierteren Statements hoffen wir den Kampf um Aufmerksamkeit zu gewinnen. Der Philosoph Peter Strasser spricht in diesem Zusammenhang von einem Aufstieg der «Mundtotmacher».[69] So werden wir täglich von extremen Bildern und Videos getriggert. Mit einer Logik der Übertreibung und Eskalation, angereichert mit Falsch- und Halbwissen, buhlen die Medien um Aufmerksamkeit. Bereits hat sich der Begriff der Infodemie, die

Kombination aus Information und Epidemie etabliert. Gerade erst konnten wir im amerikanischen Präsidentschaftswahlkampf die Absurdität und die Folgen dieser Logik erleben. Die sozialen Medien bieten als größtes Megafon der Welt eine geeignete Plattform, um jedes erdenkliche Narrativ in Umlauf zu bringen und mit verdrehten Tatsachen und emotionalen Inhalten persönliche Meinungsbilder zu posten und das Rechthaben zu dokumentieren. Fatal ist, dass der Algorithmus dieser Plattformen nach der Logik funktioniert, dass Inhalte, die viele Interaktionen und Kommentare auslösen, bevorzugt behandelt werden. Das heißt, je absurder und extremer die mit Wut, Frust und Hass unterlegten Meinungen und die damit verbundenen Ansprüche auf das Rechthaben sind, desto größer deren Verbreitung und damit verbunden die grassierende gesellschaftliche «Infektion». **Recht hat, wer dominiert.** Ob das Deplatforming des ehemaligen US-Präsidenten Trump eine Zäsur ist oder lediglich als gelungener PR-Coup von Facebook und Twitter zu werten ist, wird die Zukunft weisen.[70]

Die Vergangenheit zeigt, dass sich die Mehrheit der anstehenden Probleme aber nur lösen lässt, wenn es uns gelingt, die kollektive Intelligenz zu nutzen. Hierfür ist die dominante Streitkultur dysfunktional, und erforderlich ist eine integrative, synergetische, die Multiperspektivität zulassende Grundhaltung. Die Coronapandemie hat uns deutlich vor Augen geführt, wie gefährlich es sein kann, wenn ein wissenschaftlicher Monoperspektivismus, im Sinne eines «virologischen Imperativs», den öffentlichen Diskurs dominiert. Die Forderung also: Handle so, dass das Risiko einer Infektion mit dem Virus und einer möglichen Weitergabe minimiert wird.[71] Passende Lösungen können nur entstehen, wenn wir durch eine Verknüpfung der unterschiedlichen Perspektiven das vielfältige Disziplinen- und Erfahrungswissen nutzen und weiterdenken. Eine Interdisziplinarität in der Betrachtung der Pandemie ist notwendig und es gilt, von der Normativität Abstand zu nehmen und das epidemiologische, virologische, ökonomische, soziale, pädagogische, psychologische und ethisch-philosophische Wissen integrativ zu berücksichtigen und daraus verantwortbare politische Entscheide abzuleiten. Das Virus lehrt uns erkenntnistheoretische Demut, nicht zu wissen, was noch vor uns liegt. Der Erreger unterliegt Naturgesetzen, aber mit naturwissenschaftlichem Wissen allein kommen wir ihm nicht bei. Naturwissenschaften haben keine Kompetenz zur normativen Interpretation ihrer Befunde. Sie sind nicht in der Lage, gesellschaftlich verbindliche Werte aus ihren Ergebnissen heraus zu begründen. Die *eine* wissenschaftliche Meinung und politische Antwort existiert nicht. **Das erkenntnistheoretische Recht, Recht zu haben, gibt es nicht.** In einer Demokratie erfolgen wissenschaftsbasierte Direktiven nicht im Namen einer souveränen Objektivität der Experten. Sie richten sich lediglich als Handlungsangebot an entscheidungsfähige Subjekte.[72] Gelingensvoraussetzung für nachhaltige Lösungen bildet immer die Nutzung des vielfältigen Disziplinen- und Erfahrungswissens im Sinne einer Verknüpfung der unterschiedlichen Wissensbestände. Erfolgreiche Lösungsstrategien entstehen aus der Vernetzung und Nutzung des verteilten polydisziplinären Wissens. In einem Kollektiv von Welterklärenden, bei dem das egozentrische Recht-haben-Müssen dominiert, wird dies niemals gelingen. Individuelle, oft auch arrogante Egos stellen eine zentrale Limitierung für das Finden einer höheren Qualität von Lösung dar. Oder mit den Worten des amerikanischen Unternehmers Samuel Wilson ausgedrückt: *Es ist sehr, sehr schwierig, Ignoranz loszuwerden, wenn man an Arroganz festhält.* Was könnte der Gegenpol zum egozentrischen Diskurs sein?

Dialogisches Prinzip als Alternative

Der Dialog war in der griechischen Antike eine wichtige, von Sokrates gelebte Lernmethode. Unter Dialog verstand Sokrates ein Gespräch, bei dem sich die Beteiligten gegenseitig aus der Bequemlichkeit der Wiedergabe eigener Meinungen und Behauptungen wachrütteln und dadurch zum selbständigen Denken erwachen. Dies kann nur gelingen, wenn jeder das eigene Denken bewusst wahrnimmt und ständig auf seine Güte hin befragt. Dadurch entsteht eine Besonnenheit, in jeder Situation das Gute zu tun.[73]

Das Wort Dialog stammt aus dem Griechischen. «Dia» bedeutet «durch» oder «mittels» und «Logos» wird mit «Wort, Wortsinn» oder «Beziehung» übersetzt. Den Begriff Dialog könnte man als das Fließen von Sinn und das Erschließen von Bedeutung durch Menschen verstehen. Im Gegensatz zum Monolog geht es bei Dialogen um das Nutzen der Vielfalt der Perspektiven und der verschiedenartigen Gedankenwelten der Dialogpartner. Die Mächtigkeit des Dialogs liegt darin begründet, dass durch das ko-kreative[74], das gemeinsame (Weiter-)Denken und Erschaffen von Neuem, etwas Größeres, über das individuell Angedachte Hinausgehendes entstehen kann. Die Qualität der erhaltenen Lösungen lässt sich daran erkennen, dass zu Beginn des Dialogs die am Ende vorliegende Lösung nicht bekannt war. Das individuell An- und Vorgedachte wird ausgebaut respektive gesprengt. Oder wie es der Familientherapeut Jesper Juul treffend formuliert hat: *In echten Dialogen muss ich mich* **dem Risiko aussetzen, klüger zu werden.**[75]

Nebst den Überlegungen von Sokrates stützt sich das dialogische Prinzip auch auf die Gedanken von Martin Buber und David Bohm. Der österreichisch-israelische Religionsphilosoph Martin Buber war am Wesen der Beziehungen zwischen Menschen interessiert und ein Denker mit einem klaren Blick für das Dialogische. In seinen vielfältigen dialogischen Schriften stellte er die Begegnungen zwischen Ich und Du ins Zentrum.[76] Ein Dialog entsteht, wenn das Ich als Wesen einem Du als Wesen begegnet. Entscheidend bei der Ich-Du-Beziehung zwischen Menschen ist ihre Gegenseitigkeit. Dabei entfaltet sich ein Raum oder ein Kraftfeld mit drei speziellen Eigenschaften:

- Die Dialogpartner sind als Individualitäten selbständig und präsent. Sie begegnen sich mit Interesse, ohne Überlegenheit oder Unterlegenheit auf Augenhöhe.
- Die Dialogpartner artikulieren sich offen und authentisch. Sie versuchen nicht, anders zu erscheinen, als sie sind. Sie akzeptieren sich und stehen zu dem, was sie denken und fühlen. Sie sind in der Lage, die Spannungen des Andersseins auszuhalten, und verzichten auf Rollenspiele.
- Jeder Dialogpartner versucht, durch empathisches Einfühlen die Individualität und das Wesen des Gegenübers wahrzunehmen, zu verstehen und in Beziehung zu kommen. Durch diese Beziehung kann er innerlich beim Gegenüber sein und gleichzeitig bei sich selbst. Diesen Zustand bezeichnet Buber als Umfassung.

Ein Gespräch erhält die Qualität eines Dialogs erst, wenn obige drei Eigenschaften erfüllt sind und die **Echtheit des Zwischenmenschlichen** entsteht.

Die Ich-Du-Dialogik Bubers ist nicht nur auf die zwischenmenschliche Beziehung beschränkt. Wir Menschen können auch mit natürlichen Dingen sowie spirituellen Entitäten in den Dialog treten. Die Ich-Du-Welt unterscheidet Buber von der materiellen Ich-Es-Welt. Die Begegnung zwischen Ich und Du kann enden, wodurch das Du wieder zum Es wird.[77]

Der amerikanische Quantenphysiker David Bohm beobachtete, dass es in der pluralistischen Gesellschaft so viele verschiedene Überzeugungen gibt und sich die Gedanken gegenseitig aufheben, anstatt eine ungeheuerliche Macht zu entfalten. Er stellte sich das Miteinander von Menschen wie eine physikalische Versuchsanordnung vor. Er begriff Gedanken als Vektoren in einem Kräfteparallelogramm. Es ging ihm um Energiebündelung in der Form eines magnetischen Flusses. Alles wäre in Ordnung, wenn die Gesellschaft fähig wäre, **«gemeinsam zu denken»,** und das Denken fließen würde. Das heißt, jemand hat eine Idee, die jemand anderes aufgreift, während ein Dritter noch etwas hinzufügt.[78] Ein Dialog ist ein grundsätzlich gelungenes, alle Teilnehmenden mit wirklich neuen Erfahrungen und Erkenntnissen belohnendes, **schöpferisches Gespräch.** Nach Bohm ist eine Haltung der Offenheit und der achtsamen Wahrnehmung, ohne zu bewerten, zentrale Voraussetzung für einen Dialog. Diese Haltung ermöglicht es, auch die eigenen Annahmen infrage zu stellen, anstatt sie zu verteidigen. Dadurch wird der Weg frei für Neues und Anderes. Teams lernen, gemeinsam zu denken, und entwickeln Ideen, auf die einzelne niemals alleine gekommen wären. Bohm hat postuliert, dass wir einen Dialog nur durchführen können, wenn es um nichts geht, denn sobald es um etwas gehe, seien Menschen nicht mehr in der Lage, die innere, für einen Dialog erforderliche Offenheit aufzubringen. Der Bohm'sche Dialog wurde jedoch weiter erforscht und erprobt und selbst im geschäftlichen Kontext, wo es meist um etwas geht, erfolgreich eingesetzt.

So griff William Isaacs mit dem in den 1990er Jahren am Massachusetts Institute of Technology initialisierten Dialogue Project den Ansatz von

Bohm auf. Isaacs und sein Team entwickelten ein Vorgehen, mit dem in Organisationen, über mehrere Gesprächsrunden hinweg, das erforderliche Vertrauen in die Kraft des Dialogs aufgebaut werden konnte. Die Dialogmethode wurde in Unternehmen zur Konfliktbewältigung und in schweren Krisen erprobt und weiterentwickelt. Mit dem MIT-Dialogue Project ist es gelungen, eine nachhaltige Veränderung der Gesprächskultur zu erzielen. Wenn das gemeinsame Denken einmal etabliert ist, strahlt es in das gesamte Umfeld aus. Es entsteht mehr Vertrauen untereinander, und die Informationen können freier fließen.[79]

Herrschaftsfreie Dialoge sind eine Seltenheit

In verdichteter Form lassen sich die Prinzipien für einen gelingenden Dialog wie folgt zusammenfassen:[80]

- **Zuhören** – das Gehörte ankommen lassen, Drittmeinungen verstehen, Hinhören, Verzicht auf Kommentierungen und Repliken sowie eigene Reaktionen auf das Gehörte wahrnehmen. Oder wie es der Unternehmensberater und Buchautor Tom Peters formuliert: *Spitzenleistung ist Mund halten und zuhören – wirklich zuhören.* Zuhören ist eine hoch anspruchsvolle Anti-Narzissmus-Manier.
- **Respektieren** – das Gegenüber als Denk-Partnerin auf Augenhöhe achtsam wertschätzen und in seiner Komplexität ernst nehmen. Das Andere, Abweichende und Irritierende als bereichernd begreifen und annehmen sowie Verzicht auf Wertungen und Bewertungen.
- **Partizipieren** – empathisch an den Gedanken Dritter teilhaben und diese weiterdenken, ko-kreativ etwas Größeres, über das selbst Angedachte Hinausgehendes emergent entstehen lassen.
- **Artikulieren** – sich mit authentischer Stimme und Sprache als ganzer Mensch einbringen und über das sprechen, was bewegt und beschäftigt. Empfindungen, Gefühle und Gedanken ausdrücken, auf innere Selbstzensur verzichten, zu sprechen beginnen, ohne zu wissen, was man sagen will, und lernen zu improvisieren.

- **Suspendieren** – Gedanken, Annahmen, Sicherheiten, Emotionen und Urteile als eigene Wirklichkeitskonstruktionen erkennen und in der Schwebe halten, das heißt, sie in die «Mitte» zu geben, und die Folgen unseres Denkens begreifen sowie dem Unsichtbaren, Ungesagten und Unerhörten Raum geben.
- **Eigenes Denken überprüfen** – Gesamtsituation reflektieren, eigene denk-leitende Prämissen und mentale Modelle verstehen und deren Tauglichkeit stetig infrage stellen.

Sozialisiert in der eingangs beschriebenen kompetitiven, eher abgrenzenden und wenig integrativen Haltung, ist es für uns alle äußerst anspruchsvoll, diese sechs Prinzipien einzuhalten. Wer zum Beispiel den anderen ausreden lässt und die eigene Position hinterfragt, gilt als meinungsschwach und wirkt wenig überzeugend. Erschwerend kommt hinzu, dass wir im Alltag ganz selten echte, herrschaftsfreie Dialoge erleben und den **Mehrwert des gemeinsamen Denkens** erfahren können. Insbesondere die sozialen Medien tragen kaum dazu bei. Einige von ihnen widersprechen den Anforderungen des demokratischen Dialogs. Durch Fake-News, Hate-Speech und Hashtag-Aktivismus sowie die maschinelle Newsauswahl über Algorithmen spielen sie eine problematische Rolle in der öffentlichen Meinungsbildung. Sie verstärken entscheidend die politische Mobilisierung und untergraben die Dialogbereitschaft. Oder wie es der Politologe Wolf Linder sinngemäß formuliert: *Unsere Abstimmungsdemokratien degenerieren immer mehr zu Stimmungsdemokratien.*[81]

Im beruflichen Kontext, das heißt im Rahmen von Besprechungen und Meetings, erlebe ich selten fließendes (Weiter-)Denken und gemeinsames Klügerwerden. Oft deuten bereits Sprache und Wortwahl auf den monologischen Positionsbezug hin. Mehrheitlich werden Standpunkte vorgestellt, Argumente ausgetauscht und Positionen verteidigt. Der Zweck dieser Begegnungen besteht darin, Differenzen zu erklären, Unstimmigkeiten auszuräumen und den kleinsten gemeinsamen Nenner als Basis für eine Lösung zu finden. Mit dieser monologischen Kommunikation sind wir nicht in der Lage, die kollektive Wissens-, Erfahrungs- und Intuitionsvielfalt zu nutzen und durch kollaboratives Denken neue Einsichten und Erkenntnisse zu gewinnen. Das im Auftrag der Bertelsmann Stiftung erstellte Populismusbarometer kommt zum Schluss, dass 30,4 Prozent aller Wahlberechtigten in Deutschland populistische Einstellungen haben. Sie weigern sich eine Pluralität von Meinungen und Einstellungen anzuerkennen.[82] Sie sind also nur begrenzt in der Lage, zuerst zu verstehen und dann verstanden zu werden. Die Psychologin Charlan Nemeth betont aber, dass gerade die Ansichten der Minderheit wichtig sind, nicht weil sie sich tendenziell durchsetzen, sondern weil sie die Aufmerksamkeit und das Denken stimulieren und in neue Bahnen lenken können. Für das Finden passender Lösungen sind also **abweichende Meinungen auch dann hilfreich, wenn sie falsch sind.**

Es ist augenfällig, dass nachhaltige Lösungen, insbesondere für komplexe Probleme, eine dialogische Diskurskultur bedingen. Der toxische Anspruch, Recht haben zu müssen und die Wahrheit kennen zu können, macht Dialoge unmöglich. Die im ersten Kapitel erläuterte konstruktivistische Denkweise befreit von diesem Anspruch. Sie gibt einem die persönliche Souveränität, dem missionarischen Erklärungseifer zu widerstehen und sich auf einen Dialog einzulassen. Erst mit einem pluralen Wirklichkeits- und Wahrheitsverständnis ist man in der Lage, bewertungsfrei und achtsam zuzuhören, Abweichendes als Mehrwert wertzuschätzen, am gemeinsamen Denken teilzuhaben und etwas Größeres, über das individuell Angedachte Hinausgehendes entstehen zu lassen. In Dialogen können Einsichten und Impulse emergieren. Dieses sich spontan ergebende Unerwartete löst gute Gefühle aus und ist genauso erkennbar, wie wenn wir in einen Raum kommen und spüren, dass dicke Luft herrscht. **Ein gelingender Dialog fühlt sich wie eine Begegnung an, die etwas in einem bewegt.**

Nicht Recht haben zu müssen, bedeutet aber nicht, auf eine eigene Meinung zu verzichten. Erkenntnisse aus der Entscheidungsforschung zeigen, dass es bei komplexen Entscheiden, zum Beispiel bei medizinischen Diagnosen und Therapien, sinnvoll ist, die unabhängigen Ansichten bewusst einzeln zu sammeln und erst danach im Dialog beste Lösungen zu suchen.[83] Entscheidend ist also, welchen Anspruch jemand mit seiner eigenen Meinung erhebt. Wichtig ist, dass man den persönlichen Standpunkt als antastbar sieht und bereit ist, auf das positive Recht der Richtigkeit seiner Meinung zu verzichten. Dank der konstruktivistischen Haltung verfügt man über die Souveränität, das eigene Weltbild stets als Eigenkonstrukt und nicht als Referenz zu verstehen. Das Dialogische ist aber auch mehr als Toleranz. Toleranz bedeutet, dass man den anderen in seinem So-Sein duldet und ihn gelten lässt. Einen echten Dialog zu führen, dagegen heißt, sich empathisch einzulassen auf andere und auch den Stillen eine Bühne zu geben sowie die **«Stimme des Schweigens» zu hören.**

Haltung leben – es beginnt bei mir!

Die beschriebene Haltungsdisposition **«Nicht Recht haben müssen und gemeinsam klüger werden»** erfordert eine geistige Emanzipation, eine gelebte Bescheidenheit sowie eine neuartige Routine.

Die **geistige Emanzipation** äußert sich wie folgt:

- Ich befreie mich von der zweiwertigen aristotelischen Vernunft, die uns lehrt, dass im Falle zweier einander widersprechender Aussagen mindestens eine falsch sein muss.
- Ich verzichte auf das Abgrenzende und Polarisierende als Mittel für den Kompetenznachweis und zur Markierung eigener Deutungshoheit.
- Ich begreife den Mehrwert des integrativ kollaborativen und dialogischen Denkens für das Finden neuartiger Lösungen und für die Nutzung der kollektiven Intelligenz.
- Ich akzeptiere, dass passende Lösungen für komplexe Probleme Wissens-, Erfahrungs- und Intuitionsvielfalt bedingen, die es in einem dialogischen Diskurs zu nutzen gilt.

Aus der Akzeptanz dieser Annahmen resultiert eine spezielle Form der Demut.

Diese **gelebte Bescheidenheit** lässt sich idealtypisch wie folgt beschreiben:

- Ich erkenne die Begrenztheit meiner kognitiven Fähigkeiten und ich bin mir der permanenten Unvollkommenheit des eigenen Standpunktes bewusst.
- Ich begegne Dritten mit wertschätzender Empathie, Achtsamkeit und auf Augenhöhe und bemühe mich um ein faires Miteinander.
- Ich kommuniziere in der Haltung eines Lernenden und bin nicht bloß tolerant, sondern differenzzugewandt.
- Ich bemühe mich, die Prinzipien für gelingende Dialoge zu verinnerlichen, sie zu leben und die Potenziale des gemeinsamen (Weiter-)Denkens aktiv zu nutzen.

Diese Qualität an Bescheidenheit erlaubt es, vertraute Gewohnheiten zu durchbrechen und eine neuartige Routine proaktiv zu leben.

Die **einzuübende Routine** lautet:
Dialog statt Monolog – miteinander (weiter-)denken
In persönlichen Begegnungen widerstehe ich dem Reflex, Dritte von meiner eigenen Weltsicht zu überzeugen und mich durch rechthaberische Positionsmarkierungen zu profilieren. Ich verfüge über die Souveränität, das eigene Ego zu disziplinieren, und **ich lenke meine Energie auf das dialogische ko-kreative (Weiter-)Denken.** In einem Kosmos der Interaktion beteilige ich mich an den Gedanken Dritter, nutze diese und lasse etwas Größeres, über das selbst Angedachte Hinausgehendes entstehen. Aus dem Gemeinsam-klüger-Werden ziehe ich eine innere Befriedigung.

Für gelingende Problemlösungsprozesse ist das dialogisch-kooperative Denken alternativlos. Es bildet die Basis für die Nutzung der kollektiven Intelligenz und es erhöht die Wahrscheinlichkeit, etwas Neues, das Angedachte Übertreffendes zu finden. Die intrinsische Motivation der Dialogpartner, gemeinsam klüger zu werden, setzt Energien frei und erweitert das Lösungsspektrum entscheidend. Der Problemlösungsprozess wird von den zeitintensiven und kontraproduktiven Selbstinszenierungen, Positionsbezügen und Rechthabereien befreit. Das Atmosphärische verändert sich. Das gemeinsame Denken auf Augenhöhe verdrängt das Kompetitive und das im Dialog neu Entstehende begeistert. Hoffen wir, dass die lauten Welterklärer früher oder später vom Umfeld entlarvt und in ihrer Unfehlbarkeit demaskiert werden. Was bleibt, ist die Frage, wie es gelingen kann, die Faszination des Dialogischen erlebbar zu gestalten.

Mutmachende Denkangebote

Haltung erlernt man handelnd. Appelle und intellektuelle Belehrungen sind dabei wenig zielführend. Zu schaffen gilt es deshalb konkrete Erfahrungswelten, die, idealerweise auf emotionaler Basis, den Mehrwert des dialogisch-kooperativen Denkens erfahrbar machen. Aktuell fehlen uns **Dialog-Lernräume,** die es uns ermöglichen, das Dialogische einzuüben, es zu praktizieren und seine Zweckdienlichkeit und Faszination anhand konkreter Beispiele zu erleben. Erkenntnisse zur Plastizität unseres Gehirns deuten darauf hin, dass wir in der Lage sind, unser Verhaltensrepertoire anzupassen, und Haltungsänderungen erreichbar sind. Deshalb sollten Schulen und Bildungsinstitutionen, durch Methoden des erfahrensbasierten Lernens, die Dialogprinzipien und das gemeinsame Denken bewusst trainieren.

«Alternativ-Arena»

Zielführend wäre es sicherlich, mediale Dialog-Plattformen zu kreieren. Aufgrund des Service-Public-Auftrages wäre es für mich zwingend erforderlich, dass das Schweizer Fernsehen ein dialogisches Sendegefäß etabliert. Die uns allen bekannte, seit fast dreißig Jahren wöchentlich ausgestrahlte Politsendung «Arena» stellt einen Kampfplatz der Selbstinszenierung und Rechthaberei dar. Allein die Namensgebung und das animierte Sendesignet mit den beiden Schwingern betonen den bewusst intendierten Konfrontationskurs. Dieser wird seit 2021 noch verstärkt durch die zu Beginn der Sendung aufeinanderprallenden Wortpaare in massivem Betongrau. Der Sprachwissenschaftler Martin Luginbühl, der sich vertieft mit dem Sendeformat beschäftigt hat, sagt: *Das, worüber man einig ist, kommt in dieser Sendung nicht zur Sprache. (…) Politikerinnen und Politiker kommen nicht in die «Arena», um sich wirklich auf eine Diskussion einzulassen. (…) Welcher Volksvertreter würde vor laufender Kamera seine Meinung ändern?*[84] Die Programmverantwortlichen haben versucht, den Polarisierungen entgegenzuwirken und den Eindruck von Fairness entstehen zu lassen. Etwa indem man bei Abstimmungsarenen die Redezeit fürs Publikum einblendet oder Diskutantinnen die Möglichkeit bietet, in Form längerer Einzelinterviews Themen zu vertiefen. Trotz all dieser Bemühungen bleibt das Drehbuch der Sendung «Arena» monologisch und das gemeinsame Denken und Klügerwerden haben wenig Platz. Die Natur zeigt, was geschehen kann, wenn wir künstlich Kampfarenen schaffen, die nach dem Primat der Stärke funktionieren. So konnte der amerikanische Biologe William Muir von der Purdue University die gravierenden Folgen der einseitigen Fokussierung auf das Produktive anhand des Super-Chicken-Experiments eindrücklich aufzeigen. Die Experimentanordnung war wie folgt: Während sechs Generationen wurde eine Herde Hühner in Ruhe gelassen, und danach hat man deren Produktivität, das heißt die Anzahl gelegter Eier, gemessen. Parallel dazu gab es eine zweite Herde. Diese bestand aus einzeln ausgewählten, besonders produktiven Hühnern, den sogenannten «Super Chickens». Dieser Auswahlprozess wurde in jeder Generation wiederholt, und gezüchtet wurde nur mit den produktivsten Hühnern. Nach sechs Hühnergenerationen war das Ergebnis erstaunlich. Im ersten Fall fand Muir eine gesunde Herde, Tiere mit schönen Federn, die viel mehr Eier legten als die Ausgangsherde. Von der Superherde lebten noch drei Hühner, alle anderen wurden zu Tode gepickt. Offensichtlich konnten die Hühner ihre hohe individuelle Produktivität nur erreichen, indem sie die anderen unterdrückten. Das Kollektiv bezahlte also einen hohen Preis für die individuelle Leistung Einzelner.[85]

Wie aber könnte die andere Arena, ohne «Super-Experten», aussehen? Intention einer dialogisch konzipierten Alternativ-Arena wäre es, unter Nutzung der kollektiven Intelligenz und mittels kooperativen Denkens für eine aktuelle und eingegrenzte Themen- oder Problemstellung überraschende Lösungsansätze zu entwickeln. Am gemeinsamen Denken in der Dialogrunde beteiligen sich lebensbiografisch interessante Persönlichkeiten mit unterschiedlichen Wissens- und Erfahrungs- sowie Intuitionskompetenzen. Die Dialogpartner leben intrinsisch motiviert den dialogischen Diskurs und erleben **Erfüllung im fließenden, gemeinsamen (Weiter-)Denken**. Der oder die Gastgeberin der Dialogrunde stellt die Einhaltung der dialogischen Prinzipien sicher. Durch das konkret Beobachtbare erkennen die Zuschauenden den Mehrwert des Dialogischen. Sie erleben, wie aus dem kooperativen Denken Neues, über das Angedachte Hinausgehendes entstehen kann. Zudem vertiefen sie im Prozess das Verständnis und die Bedeutung der dialogischen Prinzipien. Ein Sendeformat dieser Art könnte einen gesellschaftlich wertvollen pädagogischen Lernraum darstellen. Analog der Anfrage deutscher Zuschauenden an die ARD, im Kontext der Klimakrise eine Sendung «Klima vor acht»[86] vor der Tagesschau vorzusehen, wäre es gegebenenfalls sinnvoll, über einen Beitrag «Dialog vor acht» nachzudenken. Der Autor hatte vor ein paar Jahren eine Projektskizze für ein derartiges dialogisch orientiertes Sendeformat an das Schweizer Fernsehen gesendet. Die Antwort, ein Dreizeiler, des Programmverantwortlichen erfolgte per Mail und sinngemäß mit dem folgenden Inhalt: *Besten Dank für Ihre Gedanken und die Skizze. Sie können davon ausgehen, dass wir intern über eine sehr breite Fachexpertise verfügen und wir im Moment keinen Handlungsbedarf für ein neues Format sehen. Mit freundlichen Grüßen.* Aus rein ökonomischer Quotensicht kann ich die Antwort gut nachvollziehen. Mit dem alternativen Gefäß ließen sich zumindest kurzfristig wohl kaum größere Zuschauerzahlen als mit der konfrontativ ausgelegten Arena erreichen. Wenig Verständnis habe ich jedoch für die dokumentierte Ignoranz des gesellschaftlichen Mehrwerts dialogischer Diskurse. Gerade in der Coronapandemie hätte ich mir **weniger monoperspektivische Gewissheit** und ein medial sichtbares, dialogisch-kooperatives gemeinsames (Weiter-)Denken von Vertretern der unterschiedlichsten Fachdisziplinen sowie den Spirit des gemeinsam Klügerwerdens gewünscht. Erlebt haben wir weitestgehend Monologe und einen rechthaberischen Kampf um Deutungshoheit. Je ungewisser der Kontext, desto grotesker mutet dieses Recht-haben-Müssen an und desto weiter entfernen wir uns vom Finden robuster Lösungen.

Prosoziale Netzwerke

Auch die **Dialogfeindlichkeit** sozialer Medien ist augenfällig. In sozialen Netzwerken besteht die Gefahr, dass sich jeder seine Welt von Freunden und Gleichgesinnten bildet, die sich gegenseitig in ihren Ansichten, Erkenntnissen und Überzeugungen bestärken. Auch ist es möglich, in diesen Netzwerken sehr schnell unglaublich viel Aggression und Hass zu mobilisieren. Facebook, Youtube und Twitter verdienen mächtig an der monologischen Kommunikation und der dadurch provozierten gesellschaftlichen Spaltung. Mit Hilfe prosozialer Netzwerke, die den Konsens statt den Dissens fördern, versucht die taiwanische Digitalministerin, Audrey Tang, einen Gegenpol zu setzen und die Demokratie zu stärken. So hat man zum Beispiel auf der Prosocial-media-Plattform Polis über den Taxidienst Uber diskutiert. Gepostet wurde zu Beginn der Debatte das Statement, dass eine Fahrgastversicherung erforderlich sei. Im Plattformdesign fehlt ein Antwortknopf, das heißt, man kann lediglich zustimmen oder ablehnen. Ohne Reply-Taste gibt es auch keinen Raum für Trolle, also Personen, die im Internet vorsätzlich verletzende verbale Dispute entfachen. Das Meinungsbild bei Uber zeigte: Es braucht eine Versicherung, eine Registrierung, und es darf keine Preiskriege geben. Diese Punkte wurden in einem gesetzlichen Regelwerk festgelegt und Uber legalisiert. Das Beispiel zeigt, dass, wenn es gelingt, die Erfahrung des Gehörtwerdens zu skalieren, Menschen erkennen können, dass sie viel mehr gemeinsam haben, als sie ursprünglich dachten.[87] Prosoziale Netzwerke können also einen, allerdings noch sehr bescheidenen, Beitrag zum Abbau der Dialogfeindlichkeit leisten. Ein interessantes Experiment einer ETH-

Forschergruppe zeigt zudem, dass der Dialog zur Bekämpfung von Hassreden im Internet wirksamer sein kann als Zensur. Offensichtlich sind vor allem Antworten, die Empathie mit den von der Hassrede betroffenen Personen erwirken, geeignet, die Hass-Schreiber zu einer Verhaltensänderung zu bewegen.[88]

Plattformen zur Versöhnung

Das Spektrum der Gefäße und Initiativen, mit denen man versucht hat, die dialogische Diskurskultur zu entwickeln und zu popularisieren, ist vielfältig. Kurz nach den amerikanischen Präsidentschaftswahlen 2016 wurde die gemeinnützige Organisation «Braver Angels» gegründet. Ziel ist es, die politisch tiefen Gräben und Sichtweisen der Amerikaner zum Klimawandel, zum Krankenversicherungswesen oder Rassismus zu überbrücken und zu einer Depolarisierung der Politik beizutragen. Organisiert und durchgeführt werden Workshops, Debatten und Veranstaltungen, bei denen konservative und liberale Teilnehmende versuchen, die Positionen der politischen Gegner besser zu verstehen und das Gemeinsame zu erkennen. Bill Doherty, Familientherapeut und einer der Gründer, wollte mit den gleichen Methoden, mit denen er zerrüttete Ehen wieder kittet, Amerika therapieren: einander ausreden lassen, Generalisierungen vermeiden und Gemeinsamkeiten finden. Der Ansatz war erfolgreich und die Organisation zählt heute mehr als 8500 Mitglieder. Hunderte von Workshops wurden im ganzen Lande durchgeführt. Vor Corona in Kirchen und Turnhallen, heute in Form von Videokonferenzen. «Braver Angels» ist nicht die einzige Organisation, die versucht Amerika zu versöhnen. Unzählige ähnliche Bewegungen sind zwischenzeitlich entstanden. «Make America Dinner Again» etwa bittet Republikaner und Demokraten zum gemeinsamen Abendessen an den Tisch, der jeweilige Gastgeber kocht. Die Idee dazu hatte die Schriftstellerin Tria Chang aus San Francisco.[89] Heute wird der Dialog, im Sinne eines schöpferischen Diskurses, immer mehr als eine Methode für strategische Themen und grundsätzliche Reflexionen, durch die Neues entstehen soll, gesehen.

Selbstbeobachtung

Zur persönlichen Arbeit an der postulierten Haltung **«Nicht Recht haben müssen und gemeinsam klüger werden»** erweist sich die bewusste Beobachtung des eigenen Verhaltens als hilfreich. Ich empfehle, erlebte Interaktionen zu analysieren und das Ergebnis in einem **Logbuch** zu dokumentieren. Als hilfreiche Eintragungen erweisen sich möglichst konkrete Beschreibungen des Erlebten zu den nachfolgenden hypothetischen Situationen:

Als es mir gelang, den **Sendemodus** *zu verlassen, wirklich* **zuzuhören** *und aus dem Gehörten Überraschendes zu entdecken …*

Als ich erkannt habe, wie befreiend es ist, **nicht Recht haben zu müssen** *und die eigene Bedeutsamkeit zu reduzieren …*

Als ich erlebte, wie durch das gemeinsame Denken ein **«Heureka-Effekt»** *entstanden ist …*

Als ich in der Lage war, das Andere, Abweichende als bereichernd zu erleben und es als Inspiration für das **eigene Weiterdenken** *zu nutzen …*

Um feststellen zu können, wie anschlussfähig die postulierten Haltungsmerkmale für mich persönlich sind, eignet sich die nachfolgende Selbstbefragung.

Reflexionsfragen zur Introspektion

- *Wie häufig gelingt es mir, der Versuchung zu widerstehen, die Diskussion zu gewinnen, und stattdessen herauszufinden, wo ich falsch liege?*
- *Wie gut bin ich in der Lage, auf den eigenen Kompetenznachweis und die Bestätigung, im Recht zu sein, zu verzichten und meine ganze Aufmerksamkeit auf das gemeinsame (Weiter-)Denken zu legen?*
- *Wie oft ertappe ich mich beim Verletzen der elementaren dialogischen Prinzipien?*
- *Wie souverän kann ich in Interaktionen Distanz gewinnen und das Geschehen aus einer Beobachterposition reflektieren?*
- *Wie gut kann ich mich auf die Routine* **«Dialog statt Monolog»** *einlassen und den Habitus des missionarischen Senders ablegen?*

Gemäß einer Studie wünschen sich 69 Prozent der Menschen in Deutschland weniger Egoismus und mehr Gemeinschaft.[90] Hoffentlich ein ermutigendes Zeichen dafür, dass das Dialogische seine Zukunft noch vor sich hat.

Bescheidenheit wagen:
Gemeinsam klüger werden
statt die Welt erklären!

Zwischenfazit

Nicht Recht haben müssen und gemeinsam klüger werden

Geistige Emanzipation

- Ich befreie mich von der zweiwertigen aristotelischen Vernunft, die uns lehrt, dass im Falle zweier einander widersprechender Aussagen mindestens eine falsch sein muss.
- Ich verzichte auf das Abgrenzende und Polarisierende als Mittel für den Kompetenznachweis und zur Markierung eigener Deutungshoheit.
- Ich begreife den Mehrwert des integrativ kollaborativen und dialogischen Denkens für das Finden neuartiger Lösungen und für die Nutzung der kollektiven Intelligenz.
- Ich akzeptiere, dass passende Lösungen für komplexe Probleme Wissens-, Erfahrungs- und Intuitionsvielfalt bedingen, die es in einem dialogischen Diskurs zu nutzen gilt.

Gelebte Bescheidenheit

- Ich erkenne die Begrenztheit meiner kognitiven Fähigkeiten und ich bin mir der permanenten Unvollkommenheit des eigenen Standpunktes bewusst.
- Ich begegne Dritten mit wertschätzender Empathie, Achtsamkeit und auf Augenhöhe und bemühe mich um ein faires Miteinander.
- Ich kommuniziere in der Haltung eines Lernenden und bin nicht bloß tolerant, sondern differenzzugewandt.
- Ich bemühe mich, die Prinzipien für gelingende Dialoge zu verinnerlichen, sie zu leben und die Potenziale des gemeinsamen (Weiter-)Denkens aktiv zu nutzen.

Einzuübende Routine
Dialog statt Monolog – miteinander (weiter-)denken!

3

Unwissen eingestehen und produktiv zweifeln

Einzuübende Routine: Unbekanntes Unbekanntes bejahen

«So viel **Wissen**

über **Nicht**wissen

gab es noch **nie**.» *Jürgen Habermas*

Trügerisches Wissen limitiert das Finden passender Lösungen

Vor ein paar Jahren hatte ich die ehrenvolle Aufgabe, im Rahmen der Masterfeier der Fakultät für Wirtschafts- und Organisationswissenschaften an der UniBw München ein paar Worte an die Absolventinnen und Absolventen zu richten. Bei der Vorbereitung der Ansprache ließ ich mich von zwei Fragen leiten: *Wie hat sich der erhaltene universitäre Wissensrucksack auf meiner bisherigen Lebensexpedition bewährt? Und welche Steine lege ich als Hochschullehrer, gut gemeint, in den Rucksack meiner Studierenden?* Die eigene Reflexion zu diesen Fragen bildete den Nukleus der Ansprache.

Faszination Nichtwissen – Auszüge aus der Festrede

Gemeinsam mit circa zweihundertfünfzig Mitstudierenden durfte ich vor zweiundvierzig Jahren in der musikalisch umrahmten akademischen Feierstunde meine Lizenziatsurkunde aus den Händen des Rektors an der Universität St.Gallen in Empfang nehmen. Der lang ersehnte lebensbiografische Meilenstein war plötzlich erreicht und ich war mächtig stolz über den Abschluss. Ich freute mich, das erlangte Wissen endlich anwenden zu können. Mit der notwendigen kritischen Distanz und aufgrund der gesammelten Lebenserfahrung muss ich heute erkennen, dass ich damals reichlich naiv war. Bestärkt durch die grandiose Selbstüberschätzung hatte ich den Eindruck, jetzt verstehst du die ökonomischen Zusammenhänge und die Unternehmenswelt. Ausgestattet mit Modellwissen, Tools und Techniken glaubte ich, für jedes Problem Lösungen zu kennen. Heute bin ich tief überzeugt, dass, wenn jemand behauptet, er kenne die Lösung für ein komplexes Problem, er **das Problem nicht erkannt** hat.

Auf eine Expedition nehmen wir einen Rucksack mit. Er gibt uns das gute Gefühl der Sicherheit und bietet die Möglichkeit, sinnvolle Gegenstände griffbereit zu halten. Gegenstände, die uns helfen, für das Unplanbare besser gerüstet zu sein. Als ich die Universität verließ, hatte ich den Eindruck, dass mein akademischer Rucksack umfassend mit Wissen gefüllt ist. Das Faktenwissen und das gelernte Fachvokabular nahmen damals den mit Abstand größten Raum ein. Mit fortschreitender Dauer meiner Expedition musste ich erkennen – was nicht überraschend ist – dass sich die Wertigkeit der Inhalte immer mehr verschoben hat. Zu Beginn gaben mir die Methoden, Techniken und Tools Sicherheit. Später waren es eher Eigenschaften wie Kontextwissen, Abstraktionsfähigkeit, Denk- und Sehvermögen.

Ökonomen verwenden den Begriff der Opportunitätskosten. Bezogen auf unsere Rucksackmetapher stellt sich die Frage: Was alles haben wir verpasst und übersehen, weil wir uns zu stark auf unseren Rucksack verlassen und an das gelernte Wissen klammern? Im Alltag erwarten wir von den Wissensträgern schlüssige Antworten. Mit etwas Distanz aber erkennen wir, dass die Mehrzahl der an die Expertinnen adressierten Fragen **prinzipiell unbeantwortbar** ist. Die eindeutigen, evidenzbasierten Antworten fehlen. Oder wie es der deutsche Medien- und Kommunikationstheoretiker Norbert Bolz formuliert: *Über die Zukunft gibt es kein gesichertes Wissen, sondern lediglich eine Meinung.* Welche Politikerin, welcher Politiker weiß wirklich, wie aktuelle Krisensituationen zu bewältigen sind und die anstehenden Probleme nachhaltig gelöst werden können? Wer kann abschätzen, ob das bedingungslose Grundeinkommen zielführend ist und einen gesellschaftlichen Mehrwert stiftet? Welcher Wirtschaftsführer hat seine Organisation wirklich im Griff? Das Erlebbare veranschaulicht, dass die Eintrittswahrscheinlichkeit des vermeintlich Unwahrscheinlichen immer mehr zunimmt. Krisen und Unerwartetes sind die Folge. Drei Beispiele illustrieren, wie wir dem Nichtwissen auf Schritt und Tritt begegnen. Erstens: Ich habe das Buch von Allen Frances, einem Psychiater, mit dem Titel *«Normal»* gelesen. Frances war beteiligt an der Ausarbeitung des «Diagnostischen und Statistischen Handbuchs Psychischer Störungen».[91] Im Buch zeigt er auf, dass es im medizinischen Kontext unmöglich ist, Krankheit und Normalität abschließend zu definieren. Für Normalität gibt es keine Norm, und er fordert dazu auf, die Normalität vor der Pathologisierung zu retten. Wie sieht es in unserer Disziplin aus? Welches ist die Norm für die Normalität in den Wirtschaftswissenschaften? Zweitens: Im Moment belästige ich Sie mit Schallwellen. Ich habe keine Möglichkeit mit Sicherheit zu wissen, was diese Wellen in Ihren Köpfen auslösen. Und schließlich Drittens: Stellen Sie sich bitte vor, in einem verlassenen Waldstück fernab der Zivilisation bringt der Sturm einen mächtigen Baum zu Falle. Wissen wir wirklich, ob der umstürzende Baum ein Geräusch verursacht, auch wenn keine Beobachterin vor Ort ist?

Die Beispiele verdeutlichen, dass im Alltag das Delta zwischen dem, was wir glauben zu wissen, und dem, was wir wirklich wissen, groß ist. Nach Nassim Taleb, Professor für die Wissenschaft der Unsicherheit an der University of Massachusetts in Amherst, resultiert die Überschätzung des Wissens auch aus der Tatsache, dass unser Geist gefährlichen Täuschungen unterliegt. Er unterscheidet drei Täuschungen: Erstens die **Illusion, zu verstehen:** Wir bilden uns ein, zu wissen, was in einer Welt vor sich geht, die komplexer und zufälliger ist, als wir erkennen. Zweitens die **retrospektive Verzerrung:** Dinge können wir erst hinterher beurteilen, so als würden wir diese in einem Rückspiegel wahrnehmen. Und schließlich drittens die **Überbewertung des Faktischen** und die Behinderung durch Autoritäten und gelehrte Menschen.[92] Wir überschätzen also systematisch das Wissen und **unterschätzen das Nichtwissen.** Dies führt dazu, dass wir die Richtigkeit unserer Überzeugungen tendenziell überbewerten. Dies gilt auch für das erworbene akademische Wissen und immer dann, wenn dieses dogmatisch und unreflektiert zur Anwendung gelangt, besteht die Gefahr, dass es Lösungsraum begrenzend wirkt.

Stelle ich mir also die Frage, was mir in meinem akademischen Rucksack konkret gefehlt hat, so komme ich zum Schluss, dass es vor allem zwei Dinge sind: Bescheidenheit und Reflexionsvermögen. Bescheidenheit im Sinne eines Bewusstseins für die Vorläufigkeit des Wissens und die Nicht-Steuerbarkeit komplexer Systeme, und schließlich Bescheidenheit im Sinne der Souveränität des Nicht-Recht-haben-Müssens. Auch im Hinterfragen des Mainstreams, dem vermeintlichen Standard, wurde ich zu wenig geschult, und die Bedeutung der Reflexionsfähigkeit als zentrale Sozialkompetenz konnte ich erst später ermessen. Reflexion lässt uns mehr sehen und sensibel wahrnehmen, aber auch bescheiden, achtsam und ehrlich agieren. Ich beobachte den Beobachter, ich beobachte mich selbst und nehme die **Blindheit gegenüber der eigenen Blindheit** wahr. Ich gehe in mich, stelle Nichthinterfragtes infrage. Ich höre auf meine Gefühle, reflektiere die mich leitenden Glaubenssätze, Prämissen und Vorurteile.

Nehme ich diese eigenen Erfahrungen ernst, so müsste mein Wirken als Hochschullehrer exakt dieses Bewusstsein bei den Studierenden fördern. Nämlich die Fähigkeit, zu sehen, dass ich nicht sehe, was ich nicht sehe. Daraus resultiert zwangsläufig eine Bescheidenheit im Anspruch, das Bemühen die Fragezeichen tiefer zu setzen und den vordergründigen Antworten nicht zu trauen, sowie die Offenheit für Abweichendes und die Neugier für Utopisches. Ich bin mir bewusst, dass sich diese Art des Wissens nicht mit Hilfe von Lehrgängen vermitteln lässt. Dazu sind Störgänge erforderlich und Universitäten, die die Vorläufigkeit des Wissens akzeptieren und auch das Nichtwissen vermitteln. Dozenten, die weniger Antworten geben und mit Hilfe intelligenter Fragen stetig Denkprozesse bei den Auszubildenden provozieren. Und schließlich Studierende, die auch ihrer Intuition, das heißt dem Wissen, ohne zu wissen, vertrauen.

Ob Sie in den letzten Jahren primär **Lehr- oder Störgänge** erlebt haben und wie tauglich der von Ihnen erworbene akademische Rucksack letztlich ist, werden Sie mit großer Wahrscheinlichkeit, so wie ich, erst in der Retrospektive beurteilen können. Könnte ich, so wie Sie als junge Absolventinnen, meine Expedition noch einmal beginnen, so wäre ich:

- kritischer, ich würde dem vermeintlich Selbstverständlichen wesentlich mündiger begegnen und immer wieder die Frage stellen: *Muss das so sein?*
- reflektierter, ich würde mehr Zeit darauf verwenden, mich selbst, meine Vorurteile und leitenden Prämissen zu verstehen und zu dekonstruieren;
- mutiger, ich würde den eigenen Überzeugungen und nicht dem Mainstream folgen;
- bescheidener, ich würde mehr Zeit für das Verstehen und weniger für das Bewerten aufwenden.

Geschätzte Absolventinnen und Absolventen, vertrauen und misstrauen Sie Ihrem akademischen Rucksack und akzeptieren Sie die Vorläufigkeit auch

Ihres Wissens. Nur so sind Sie in der Lage, Ihr weiteres **Leben als Universität zu sehen und zu nutzen.**

Wie weit nutzen Sie, liebe Leserin, lieber Leser, das Leben als Universität? Wie tauglich stufen Sie Ihren Wissensrucksack ein? Wie bewusst nehmen Sie die Vorläufigkeit Ihres Wissens wahr und wie präsent ist Ihnen der Mehrwert des Nichtwissens? Oder wie oft tappen Sie in die Falle der Kompetenzillusion und verwechseln Überzeugtsein mit Wissen?

Obwohl niemand viel weiß, wissen es alle besser

Heute leben wir in einer Expertokratie. Das Urteil und die Entscheidungsbefugnis über wichtige Dinge überlassen wir immer mehr denjenigen Personen und Sachverständigen, die in einem bestimmten Fachbereich über das entsprechende Wissen, die Expertise verfügen. Unter Expertenwissen verstehen die Kognitionswissenschaft und die Psychologie eine spezifische, auf Erfahrung zurückführbare Problemlösungsfähigkeit oder Leistung. Experten verfügen in ihrem jeweiligen Fachgebiet über vertieftes Wissen. Sie erkennen die vielfältigen Bedeutungszusammenhänge und genießen deshalb ein hohes Ansehen und eine gesellschaftliche Akzeptanz. Die Realität zeigt augenfällig, dass komplexe Probleme nicht monodisziplinär lösbar sind. Gefordert sind ein **polydisziplinäres** Wissen und ein **interdisziplinäres** Denken. Dieses so wichtige verbindende, kollektive und kooperative (Weiter-) Denken wird unter anderem dadurch erschwert, dass sich auch unter den Experten viele Welterklärende finden lassen und sich diese – aufgrund ihrer spezifischen Fachsprachen – oft gegenseitig gar nicht mehr verstehen. Die Grenzen des Expertenwissens erkennen wir spätestens dann, wenn es um Vorhersagen geht. Der Psychologe Philip Tetlock von der Universität von Pennsylvania bat in seiner bahnbrechenden Studie 284 Kommentatoren und Berater für politische und ökonomische Trends, auf Basis von drei Szenarien die Wahrscheinlichkeiten des Eintritts bestimmter Ereignisse in unterschiedlichen Regionen der Welt zu beurteilen. Insgesamt untersuchte Tetlock über 80 000 Vorhersagen. Das Ergebnis war ernüchternd. Die Experten erzielten schlechtere Ergebnisse als Dartpfeile werfende Affen.[93]

Unsere Wissensgesellschaft tut sich verständlicherweise schwer in der Akzeptanz und im Aushalten von Nichtwissen. Persönlich fürchten wir die Konsequenzen, denn mit dem Zugeben von Unwissen droht die Gefahr, Status, Macht, das eigene Gesicht und allenfalls den Job zu verlieren. Vor allem für Experten kann das Eingestehen der eigenen Inkompetenz und des Nichtwissens belastend sein. So zeigen viele Beispiele, dass wenn in der Öffentlichkeit exponierte Persönlichkeiten zum eigenen Unwissen stehen und auf Rationalisierungsversuche verzichten, sie von den Medien sehr schnell disqualifiziert werden. Ehrlich zu sein, heißt daher immer auch **sich verletzbar zu machen.**

Auch das persönlich erlebte und uns alle prägende Bildungssystem ist auf den Wissenserwerb ausgelegt. Kaum oder wenig geschult sind wir in der Kenntnis der eigenen Unkenntnis und im intelligenten Umgang damit sowie der Reflexion über das Nichtwissen. Dies sind Kompetenzen, die zur Lösung komplexer Probleme aber immer entscheidender werden. Unsere Welt tickt längst nicht mehr binär, nicht mehr entlang der herkömmlichen Unterscheidungen zwischen konservativ und progressiv, zwischen politisch links und rechts, vergangenheits- und zukunftsorientiert. So gibt es unzählbare Grautöne und Zwischenzustände, die sich überlagern und verschränken. Die Welt ist also immer mehr in einem «Quantenzustand». Das Besondere an Quantenzuständen ist, dass sie in Überlagerungen vorliegen können. Ein Elektron kann sich zum Beispiel zugleich in die eine und in die andere Richtung drehen. Unsere Institutionen, die Politik, unsere Medien, aber auch wir selbst, kommen damit noch nicht zurecht. Wir werden lernen müssen diese Ambivalenzen auszuhalten. Das heißt, für immer mehr, was kommt, fehlen uns die Erfahrungen, die stabilen Orientierungsmuster, das konkrete Wissen, und wir können **die Zukunft nicht mehr als Verlängerung der Gegenwart** begreifen.

Das Nichtwissen über die Zusammenhänge dominiert unsere Welt

In der Coronapandemie taugten die epidemiologischen Modelle wenig, weil wir wichtige Parameter nicht kannten, etwa das Tempo, mit dem sich das Virus überträgt und mutiert. Bei Situationen dieser Art fehlt uns schlicht die Erfahrung. Die Massenerkrankung als Ausnahmesituation zu qualifizieren ist aber gefährlich. Bei vielen der anstehenden Probleme erkennen wir die typischen Eigenschaften im Sinne einer Systemlogik die Ungewissheit, Unvorhersehbarkeit und Unbegreiflichkeit produzieren: nichtlineare und brüchige Dynamik, fehlende Kausalitäten, exponentielle Verläufe, hohe Vernetzung, zirkuläre (Rück-)Kopplungen, chaotische Kippeffekte etc.[94] Wir leben in einer Realität, die sich unseren Bemühungen, zu verstehen, was vor sich geht, zu widersetzen scheint. Bisher hat man den Kontext als VUCA-Welt bezeichnet. Die vier Buchstaben stehen für Volatility, Uncertainty, Complexity und Ambiguity. Mittlerweile spricht man von BANI, einem der aktuellen Situation angepassten Erklärungsmodell. Dabei steht BANI für Brittle (spröde, brüchig), Anxious (ängstlich, besorgt), Non-linear (nichtlinear, nicht zusammenhängend) und Incomprehensible (unverständlich, unbegreiflich).[95] Welches Akronym zur Kontextbeschreibung wir auch immer bemühen, sicher scheint, dass sich im Umgang mit dieser Qualität des Unbeschreibbaren und der *Überkomplexität der Rückgriff auf das uns vertraute Wissen oft als nicht zielführend* erweist. In derselben Situation sind **Zweifel wichtiger als vermeintliche Fakten,** respektive das Offenlassen einer Frage besser, als etwas Trügerisches zu glauben. Zwar gilt es, nicht aus einer Laune heraus alles anzuzweifeln, Wissen zu leugnen und Verschwörungstheorien zu proklamieren, sondern Skepsis zu rationalisieren. Wir müssen uns der eigenen Fehlbarkeit auf einer prinzipiellen Ebene bewusst werden, sonst droht die Gefahr, dass wir dem Stadium frühkindlicher Entwicklung nie entwachsen können.[96] Oder mit den Worten des Astrophysikers Stephen Hawking ausgedrückt: *Der größte Feind des Wissens ist nicht die Unwissenheit, sondern* **die Illusion des Wissens.** 2017 fütterte der in Harvard lehrende Ökonom Sendhil Mullainathan einen Algorithmus mit den gleichen Daten über das Alter und die Kriminalgeschichte von 554 689 Angeklagten in New York, die auch den Richtern zur Verfügung standen. Das Ergebnis überrascht: Die von den Richtern freigelassenen Angeklagten wurden zu 25 Prozent häufiger rückfällig als die vom Computer ausgewählten. Im Sinne der Illusion glaubten die meisten Richter, sie könnten am Blick eines Menschen etwas über seine Psyche erfahren, und sie überschätzten offensichtlich dabei die eigenen Fähigkeiten.[97] Wie aber könnte eine realistischere Alternative zu dieser Illusion aussehen?

Unwissen annehmen und aushalten

Die Pyramide des Wissens unterscheidet vier Dimensionen: zuoberst das bekannte Wissen (known knowns), dann das unbekannte Wissen (unknown knowns), gefolgt vom bekannten Unbekannten (known unknowns) und dem unbekannten Unbekannten (unknown unknowns). Die Darstellungsform der Pyramide lässt erkennen, dass gerade das Wissen, von dem wir nicht wissen, dass wir es nicht wissen, mit Abstand den größten Raum einnimmt. Norbert Bolz formuliert sinngemäß: *Der harte* **Kern des Nichtwissens bildet das unbekannte Unbekannte,** *für das es keine Experten gibt und niemals wussten wir weniger von der Zukunft als heute.*[98] Je komplexer also die Problemstellung, desto tendenziell größer auch das Ausmaß des unbekannten Unbekannten. Unwissenheit hat deshalb viele Gesichter und Dimensionen. Die Agnotologie, die Lehre vom Nichtwissen, untersucht die kulturelle Erschaffung und Aufrechterhaltung von Unwissen. Gemäß dem Philosophen Martin Carrier ist die Agnotologie der «Schatten» der Erkenntnistheorie. Sie beschäftigt sich unter anderem mit dem Mehrwert des Unwissens und der Frage, warum wir wissen sollten, was man nicht weiß. Auch seitens der Experten ist ein Wandel im Selbstverständnis gefordert. Sie sollten zu einem vertrauenswürdigen Broker des Nichtwissens und der Ungewissheit werden. Eindrücklich hat die Pandemie gezeigt, wie Wissenschaft zu einem Management des Ungewissen mutiert.[99] Erkenntnisfortschritt heißt nicht zwingend Annäherung an die Wahrheit, sondern Entfernung von der Unwahrheit. Auch **wissenschaftliche Fakten sind nicht unan-**

tastbar. Sie können sich jederzeit durch neue Erkenntnis und Erfahrungen oder schlüssigere Auslegungen als Irrtümer erweisen. Die wissenschaftliche Expertise ist eine zentrale und verlässliche Perspektive. Ihre Stärke liegt aber genau in ihrer Fehlbarkeit, darin also, dass sie der «Unfehlbarkeit» der Rechthaber mit begründetem Nichtwissen entgegentreten kann. Der Bezug auf Fakten darf nicht dazu führen, dass wir diese für unverhandelbar erklären. Dies müsste im öffentlichen Auftreten der Experten viel stärker zum Ausdruck kommen.[100] Auch wissen wir, dass wissenschaftliche Fakten von der Dateninterpretation der involvierten Wissenschaftlerinnen, ihrem Denkstil und ihren weltanschaulichen Präferenzen geprägt werden. Somit ist der Glaube an den Szientismus, das heißt, dass sich alle Fragen wissenschaftlich beantworten lassen, nicht weniger wissenschaftsfremd als jener an die Konspiration.[101] Interessant ist in diesem Zusammenhang auch die Tatsache, dass die Arbeit des griechisch-US-amerikanischen Gesundheitswissenschaftlers und Statistikers John Ioannidis mit dem Titel *«Warum die meisten publizierten Forschungsergebnisse falsch sind»* die am häufigsten gelesene Publikation in der gesamten Geschichte der Public Library of Science ist. Der Beitrag wurde über drei Millionen Mal heruntergeladen.[102]

Beitrag des Nichtwissens

Sich des Unwissens bewusst zu sein, ist haltungsprägend, und im Kontext der vorgeschlagenen Problemlösungs-Heuristik erweist sich das **Wissen um die Grenzen des Wissens** als entscheidend.

Für das Finden passender Lösungen leistet das Nichtwissen unter anderem den nachfolgenden Beitrag:

- Das Bewusstsein um die Grenzen des eigenen Wissens hält das produktive Zweifeln der an einer Problemlösung Beteiligten wach und begünstigt die Offenheit für das dialogische, gemeinsame Weiterdenken und Weitersuchen.
- Durch die Akzeptanz der Unkenntnis ist man bereit, Fragen offenzulassen, Vielfalt in den Deutungen und Erklärungen zu dulden und nicht vorschnell «Falsches» zu glauben.

- Das Aushalten des Unwissens fördert die Bereitschaft, das eigene Wissen sowie das Wissen Dritter in Frage zu stellen. Es schützt vor Selbstüberschätzung und der Gefahr Recht haben und missionarisch auftreten zu müssen.
- Das Eingeständnis des Unwissens bildet die Basis für eine realistische Erwartungshaltung an das von den unterschiedlichen wissenschaftlichen Disziplinen bereitgestellte Wissen im Sinne einer provisorischen Erkenntnis.

Die Sensibilität für das Nichtwissen und dessen Annahme schaffen auch die Voraussetzung dafür, dass man mit sich selbst ehrlich sein kann. Ehrlichkeit wird überwiegend als Tugend, als eine moralisch gute Eigenschaft, als ein sittlich vorbildliches Verhalten verstanden. Sich selbst, anderen und einer Sache gegenüber ehrlich zu sein, bildet aber auch das Fundament für Dialoge auf Augenhöhe. Studien zeigen, dass uns diese Form der Ehrlichkeit schwerfällt und in uns allen eine gehörige Portion Pinocchio steckt. Auf die Frage: «Haben Sie gestern gelogen?», antworten circa 58 Prozent der Deutschen mit «Ja» und 42 Prozent mit «Nein». Unehrlich ist man gegenüber Bekannten, Partnern, aber auch gegenüber Arbeitskollegen und Vorgesetzten. Als Motive für die Unehrlichkeit lassen sich kollegiale Gründe nennen. Weil die Wahrheit verletzend sein kann oder weil man andere schützen möchte, verzichtet man auf das offene Ansprechen einer Beobachtung. Es gib aber auch egozentrische Erklärungen. Man ist unehrlich, weil es manchmal schlicht einfacher ist, als ehrlich zu sein, oder weil man sich Ärger ersparen möchte.[103] Ehrlich zu sich selbst sein, legt nahe, das Unwissen einzugestehen, authentisch zu sein und auf Rollenspiele zu verzichten. Es bedeutet aber auch, sich zu entblößen und verletzbar zu zeigen. Verletzbarkeit ist ein emotionales Risiko, man fühlt sich ausgeliefert. Dies erfordert Mut und ein gesundes Selbstbewusstsein. Für die postulierte Problemlösungs-Heuristik sind dies aber zentrale Voraussetzungen. Oder wie es Brené Brown, die amerikanische Autorin psychologischer Schriften, formuliert: *Wenn wir den Weg zueinander finden wollen, ist Verletzlichkeit der Pfad.*

Haltung leben – es beginnt bei mir!

Die beschriebene Haltungsdisposition **«Unwissen eingestehen und produktiv zweifeln»** erfordert eine geistige Emanzipation, eine gelebte Bescheidenheit sowie eine neuartige Routine.

Die **geistige Emanzipation** äußert sich wie folgt:

- Ich befreie mich von der Kompetenznostalgie, zu verstehen und zu wissen, und bin in der Lage, das eigene Überzeugtsein nicht mit Wissen zu verwechseln.
- Ich akzeptierte Unwissen und das unbekannte Unbekannte als Realität und bin fähig, trügerisches Wissen zu entlarven.
- Ich erkenne die Bedeutung und den Mehrwert des Nichtwissens für das Finden passender Lösungen.
- Ich anerkenne die Vorläufigkeit auch des wissenschaftlichen Wissens im Sinne einer provisorischen Erkenntnis.

Aus der Akzeptanz dieser Annahmen resultiert eine spezielle Form der Demut. Oder wie der Psychologe Adam Grant schreibt: *Wenn Wissen Macht ist, dann ist das Wissen darum, was wir nicht wissen, Weisheit.*

Diese **gelebte Bescheidenheit** lässt sich idealtypisch wie folgt beschreiben:

- Ich bin mir der Kenntnis der eigenen Unkenntnis bewusst und erkenne das große Delta zwischen dem, was ich glaube zu wissen, und dem, was ich wirklich weiß.
- Ich begreife, dass die Mehrzahl der gesellschaftlich wirklich relevanten Fragen prinzipiell unbeantwortbar und Zweifel wichtiger als mutmaßliche Fakten sind.
- Ich akzeptiere das Nichtwissen über die umfassenden systemischen Zusammenhänge in dieser Welt.
- Ich gestehe Unwissen ein, sehe das eigene Leben als Universität, zeige mich verletzbar und bin ehrlich zu mir selbst.

Diese Qualität an Bescheidenheit und Demut gegenüber der eigenen Kompetenz erlaubt es, vertraute Gewohnheiten zu durchbrechen und eine neuartige Routine zu leben.

Die **einzuübende Routine** lautet:
Unbekanntes Unbekanntes bejahen und trügerisches Wissen entlarven
In unsere Welt mit ihren Problemen herrscht Mehrdeutigkeit und Kontingenz, das heißt prinzipielle Offenheit und Ungewissheit sozialer Dynamiken. Es könnte immer auch anders sein, wir wissen es nicht. In Dialogen bin ich mir deshalb der Unvollständigkeit und Vorläufigkeit des Wissens bewusst. Ich misstraue vereinfachenden Interpretationen und ich bin in der Lage, durch die Unterstellung des Nichtwissens **Fragen offenzulassen und mannigfaltige Deutungen zuzulassen.** Dank der Akzeptanz eines unvollständigen Wissens kann ich ehrlich mit mir selbst sein, authentisch handeln und mich verletzbar zeigen. Die Kraft, zu wissen, wie man mit Unwissen umgeht, ist die beste Prävention gegen die Selbstüberschätzung.

Mutmachende Denkangebote

Wie aber kann es gelingen, unsere Gesellschaft für das Nichtwissen zu sensibilisieren? Wie können wir als Individuen die erforderlichen Kompetenzen im Verstehen und im Aushalten von Unwissenheit und Unkenntnis erwerben? Wie erreichen wir die postulierte geistige Emanzipation, die geforderte Bescheidenheit und wie gelingt es, die unvertraute Routine zu leben?

Störgänge zum Nichtwissen

Zentraler Ansatzpunkt ist die Bildung. *In der Schule lernen wir die* **Mathematik der Gewissheit,** so die Aussage des Psychologen Gerd Gigerenzer. Bereits auf Volksschulstufe wäre es deshalb wichtig, dass in allen Schulfächern, im Sinne einer Querschnittsqualifizierung, nebst dem Wissen auch der Stand der Unkenntnis vermittelt würde. Daraus ließe sich ein Bewusstsein für die Vorläufigkeit des Wissens und eine gesunde Skepsis gegenüber dem absoluten Wissen schaffen. Zu schulen gilt es den angstfreien Umgang mit Ungewissheit, das Sich-Einlassen und die Akzeptanz der Ungewissheit als Teil der Lebensrealität. Auch im Rahmen der höheren Ausbildung, zum Beispiel auf Stufe Universität, sollte eine kluge Wissenschaftsskepsis kultiviert und die Begründungskultur, im Sinne einer Metakompetenz, hinterfragt werden. Nebst den Lehrgängen, die Wissen vermitteln, wäre es wünschenswert, auch Störgänge zum Nichtwissen, zur Unwissenheit und Unkenntnis anzubieten. An der Columbia University unterrichtet Stuart Firestein Neurowissenschaften. Dazu empfahl er ein Standardwerk mit 1414 Seiten, verfasst von einem Nobelpreisträger. Nach einigen Jahren musste er erstaunt feststellen, dass die Studierenden mit einer Haltung aus seiner Vorlesung gingen, die er ganz und gar nicht intendiert hatte. Sie glaubten, die Neurowissenschaften seien vollendet und alle wichtigen Fachfragen beantwortet. Nach dieser Erfahrung hat er sich entschieden, **«Ignorance», Nichtwissen,** zu unterrichten. Dabei lädt er Kollegen aus den unterschiedlichsten Disziplinen ein, seinen Studierenden zu erzählen, was sie nicht wissen, gerne wissen würden oder vor zehn Jahren noch nicht gewusst haben.[104] Mit Initiativen dieser Art könnte es gelingen, das so wertvolle Wissen, um die Grenzen des Wissens, zu vermitteln. Dieses Bewusstsein wiederum bildet die entscheidende Grundlage für das produktive Zweifeln, Weitersuchen und Weiterdenken. Oder wie es René Descartes formuliert hat: *Zweifel ist der Weisheit Anfang.*

Psychologische Sicherheit

Mit der Qualifizierung für das Nichtwissen soll eine Art psychologische Sicherheit für das Aushalten der Unkenntnis respektive das Leben mit der Vorläufigkeit des Wissens geschaffen werden. Das Konzept der psychologischen Sicherheit wurde von Warren Bennis und Edgar Schein geprägt und später durch William Kahn und Amy Edmondson weiterentwickelt. Unter psychologischer Sicherheit versteht Amy Edmondson eine von den Mitgliedern eines Teams geteilte Überzeugung, dass es im Team sicher ist, zwischenmenschliche Risiken einzugehen, eine Atmosphäre also, in der sich Menschen ausdrücken, über Fehler sprechen und sich selbst sein können.[105] In zahlreichen Studien, zum Beispiel in Krankenhäusern, an Schulen und Universitäten sowie in Unternehmen, konnte nachgewiesen werden, dass diese psychologische Sicherheit die Leistungsfähigkeit von Teams entscheidend verbessert.[106] Im vorliegenden Kontext gilt es eine **psychologische Sicherheit im Umgang mit Unwissen** zu schaffen, eine innere Kraft, die es uns erlaubt, mit einer Souveränität den bedrohlichen Graben zwischen der Gewissheit und dem Bekannten sowie der Ungewissheit und dem Unbekannten zu überwinden.

In den 2000er Jahren führte Anne Mulcaby als Vorstandsvorsitzende und Geschäftsführerin von Xerox durch eine erfolgreiche Transformation. Im Unternehmen wurde sie «Meisterin des Nichtwissens» genannt. Statt unausgereifte Meinungen zu äußern, antwortete sie auf Fragen oft ganz ehrlich: *«Ich weiß es nicht.»*[107]

Vertrauen in das Vertrauenswürdige

Die meisten Menschen können mit Unsicherheiten sehr schlecht umgehen, weil sie nicht wissen, worauf sie sich einstellen sollen.[108] Dies ist die Aussage von Gerhard Roth. Vertrauen ist eine mögliche Strategie im Umgang mit Unsicherheit und Ungewissheit. Nicht ein blindes Vertrauen, sondern ein Vertrauen in das Vertrauenswürdige. Außerhalb des Spirituellen sind dazu zwei Vertrauensformen entscheidend: Das **individuelle und das explorative Vertrauen**. Das Vertrauen in sich selbst wird maßgeblich durch die persönliche Einstellung und Haltung gegenüber der Unsicherheit bestimmt. Gelingt es mir, eine Souveränität im Umgang mit der Unkenntnis zu entwickeln, dann bin ich in der Lage, das Nichtwissen als Tatsache, nicht im Sinne einer pessimistischen Resignation, sondern als realistischen Optimismus zu akzeptieren. Beim explorativen Vertrauen lassen sich zufällige Entdeckungen und neues Wissen auf der Basis von Experimenten finden. Nehmen wir das Unwissen als reale Lebenswirklichkeit ernst, so können wir die Hyperrationalität ablegen, das Unklare, kausal nicht Erklärbare akzeptieren, dem Zufall und dem Experiment eine Chance geben und immer wieder Dinge finden, nach denen wir nicht gesucht haben.[109] Dadurch erlangen wir sukzessive die Fähigkeit, zu wissen, wie man mit Nichtwissen umgeht.

Selbstbeobachtung

Auch für die Arbeit an dem Haltungsmuster **«Unwissen eingestehen und produktiv zweifeln»** erweist sich die Selbstbeobachtung des eigenen Verhaltens als hilfreich. Ich empfehle, erlebte Begegnungen zu reflektieren und das Ergebnis in einem **Logbuch** zu dokumentieren. Als hilfreiche Eintragungen erweisen sich Beschreibungen des Erlebten zu den nachfolgenden hypothetischen Situationen:

Als mein trügerisches Eigenwissen entlarvt wurde und ich die **Dimensionen des unbekannten Unbekannten** *wieder einmal erahnen konnte …*

Als es mir gelang, eigenes Nichtwissen einzugestehen und mich **kompetenzunsicher** *zu zeigen …*

Als ich dem **vordergründig Faktischen** *misstrauen und mutig zweifeln konnte …*

Als ich in der Lage war, das **Unwissen als Chance** *zu sehen, Fragen offenzulassen und Deutungsvielfalt zuzulassen …*

Zur Überprüfung der Anschlussfähigkeit der postulierten Haltungsmerkmale eignet sich die nachfolgende Selbstbefragung.

Reflexionsfragen zur Introspektion

- *Wie oft traue ich mich zu sagen, «ich weiß es nicht», und wie häufig bin ich bereit, auf Rollenspiele zu verzichten, ehrlich zu mir selbst zu sein und mich verletzbar zu machen?*
- *Wie sehr bin ich mir der Vorläufigkeit des Wissens und des Mehrwerts des Unwissens für das Finden passender Lösungen bewusst?*
- *Wie oft unterliege ich der Illusion des Wissens, der Manie des Überzeugtseins,*[110] *und verwechsle ich dieses Überzeugtsein mit Wissen?*
- *Wie ausgeprägt ist meine innere Sicherheit im Umgang mit dem Unwissen als reale Lebenswirklichkeit?*
- *Wie gut kann ich mich auf die Routine* **«unbekanntes Unbekanntes bejahen»** *einlassen und lösungsoffen denken?*

Wenn wir das Selbstbewusstsein haben, eigenes Unwissen einzugestehen und der «Inkompetenzkompensationskompetenz»[111] zu entsagen, achten wir genauer darauf, wie überzeugend Beweise sind, und wir verbringen mehr Zeit damit, Aspekte zu beachten, die unseren Ansichten widersprechen. Hoffen wir, dass es uns gemeinsam gelingt, diese **Unwissenskompetenz** zeitnah zu entwickeln, das heißt, dass wir vermehrt in der Lage sind, das vermeintliche Wissen als Lernblockade zu entlarven und der vom Historiker Caspar Hirschi formulierten Apokalypse zu entkommen: *Die größte Gefahr ist, dass aus dem Irrtum von heute die Wahrheit von morgen wird.*[112]

Bescheidenheit wagen:
Nichtwissen aushalten
statt mittels Kompetenz blenden!

Zwischenfazit

Unwissen eingestehen und produktiv zweifeln

Geistige Emanzipation

- Ich befreie mich von der Kompetenznostalgie, zu verstehen und zu wissen, und bin in der Lage, das eigene Überzeugtsein nicht mit Wissen zu verwechseln.
- Ich akzeptierte Unwissen und das unbekannte Unbekannte als Realität und bin fähig, trügerisches Wissen zu entlarven.
- Ich erkenne die Bedeutung und den Mehrwert des Nichtwissens für das Finden passender Lösungen.
- Ich anerkenne die Vorläufigkeit auch des wissenschaftlichen Wissens im Sinne einer provisorischen Erkenntnis.

Gelebte Bescheidenheit

- Ich bin mir der Kenntnis der eigenen Unkenntnis bewusst und erkenne das große Delta zwischen dem, was ich glaube zu wissen, und dem, was ich wirklich weiß.
- Ich begreife, dass die Mehrzahl der gesellschaftlich wirklich relevanten Fragen prinzipiell unbeantwortbar und Zweifel wichtiger als mutmaßliche Fakten sind.
- Ich akzeptiere das Nichtwissen über die umfassenden systemischen Zusammenhänge in dieser Welt.
- Ich gestehe Unwissen ein, sehe das eigene Leben als Universität, zeige mich verletzbar und bin ehrlich zu mir selbst.

Einzuübende Routine
Unbekanntes Unbekanntes bejahen – trügerisches Wissen entlarven!

4

Sich experimentell annähern und handelnd ins Verstehen kommen

Einzuübende Routine: Fragezeichen tiefer setzen

«Man kann ein System nur verstehen, wenn man versucht, es zu ändern.» *Kurt Lewin*

Kontextwissen führt zur Lösung

Wenn die Lösung das Problem ist. Diese von Paul Watzlawick formulierte Aussage hat es in sich. Sie liefert eine einsichtige Erklärung dafür, dass wir für komplexe Probleme selten passende Lösungen finden. Eine exemplarische Situation dazu: Im Tram beobachten wir, wie eine apathisch und überfordert wirkende Mutter ihr randalierendes Kind gewähren lässt. Wir fühlen uns zum Handeln verpflichtet, wir intervenieren und erteilen Ratschläge. Aus dem spontan entstehenden Dialog wird erkennbar, dass die Frau vor einer halben Stunde eine Krebsdiagnose erhalten hat. Wieder einmal erfahren wir, wie dysfunktional schnelle Lösungen sein können. Der oft beobachtbare Reflex: Sehen wir uns mit einer Problemstellung konfrontiert, greifen wir – unter Rückgriff auf die individuelle und kollektive Erfahrungswelt – sofort auf bewährte Lösungsroutinen zurück. Je umfassender der Erfahrungsfundus, desto größer die Wahrscheinlichkeit, dass wir dabei fündig werden. Insbesondere bei anspruchsvollen Problemstellungen erweist sich diese antrainierte Strategie des Rückgriffs auf das Erfahrungswissen und das schnelle Denken aber selten als zielführend. Sie macht uns anfällig für unbewusste Vorurteile und stereotypes Handeln. Ohne Verständnis des eigentlichen Problems, der Zusammenhänge, insbesondere der Beziehungen zwischen den Problemelementen und ihren Wechselwirkungen untereinander, lassen sich selten passende und robuste Lösungen finden. Oder wie es Einstein sinngemäß formulierte: *Wenn ich eine Stunde Zeit hätte, um ein Problem zu lösen, würde ich fünfundfünfzig Minuten damit verbringen, über das Problem nachzudenken, und fünf Minuten über die Lösung.* **Das Problem zu erkennen, ist wichtiger, als die Lösung zu finden,** *denn erst die genaue Darstellung des Problems führt zur Lösung.* Offensichtlich verhalten wir uns nicht selten gerade entgegengesetzt. Nur kurze Zeit, wenn überhaupt, beschäftigen wir uns mit dem Erkennen und Verstehen des Problems und der relevanten systemischen Zusammenhänge. Sofort wenden wir uns der erfahrungsgeleiteten Lösungsfindung zu. Und diese erweist sich nicht selten als das eigentliche Problem.

Auch die Komplexitätstheorie zeigt: Wir benötigen Komplexität, um es mit der Komplexität aufnehmen zu können. Oberflächliche Einfachheit verführt dazu, tieferliegende Zusammenhänge zu ignorieren. Wer jedoch die Vernetzung negiert und kurzsichtig nach partiellen Lösungen sucht, steckt rasch wieder fest. Weshalb aber fällt uns ein Denken in Zusammenhängen, bei dem Beziehungen zwischen einzelnen Systemelementen und ihre Wechselwirkungen untereinander Beachtung finden, so schwer? Weshalb gelingt es uns nur selten, das Problem, auf das die Lösung eine Antwort geben soll, zu erfassen? Kapitulieren wir einfach vor der Komplexität und flüchten wir in trivialisierende Erklärungsmuster? Liegt der Grund darin, dass das Denken in Lösungen gesellschaftlich positiv konnotiert ist und «Tatmenschen» hohes Ansehen geniessen? Oder hängt es allenfalls auch mit unserer Ausbildung zusammen, die der Kontextkompetenz zu wenig Beachtung schenkt? Darunter versteht Wolf Lotter die Fähigkeit, Zusammenhänge herzustellen.[113] Gelingt es, den Kontext zu erschließen und für andere zugänglich zu machen, lassen sich Lösungen finden. Das Wort Kontext bedeutet in seiner ursprünglichen Form so viel wie Webrahmen.

Vernetzt zu denken, fällt uns schwer

Wir sind geschult, die Welt und Umgebung zu klassifizieren, statt sie zu beschreiben. Wir erläutern Begrifflichkeiten durch andere Begriffe, anstelle diese anhand ihrer realen Funktionen zu verstehen. Das Haus wird als statisches Gebäude und nicht mehr als dynamischer Ort des Wohnens gesehen. Objekte werden aus den realen Beziehungen herausgerissen und Interdependenzen zwischen den Elementen werden zwar erlebt, nicht aber erfasst. Es fehlt das vernetzte Denken. Dazu hat der Biochemiker und Systemforscher Frederic Vester basierend auf der Biokybernetik[114] einen methodisch hilfreichen systemischen Zugang entwickelt.[115] In seinem Ansatz wird die Welt als ein Gefüge von ineinander verschachtelten Systemen gesehen. Gedanklich gilt es, das Klassifizierungsuniversum durch Beziehungen und

Interaktionen im Sinne eines **Relationsuniversums** zu ersetzen.[116] Es ist eine Tatsache, dass die meisten Probleme nicht durch einfache Ursachen und Wirkungen erklärbar sind. Dazu beinhalten sie zu viele Variablen, die sich verbinden, beeinflussen und verändern. Die Systeme sind eingebunden in eine Biosphäre und aufgrund ihrer Vernetzung mit anderen Einflüssen und deren Rückwirkungen halten sie oft überraschende Entwicklungen und Lösungen bereit. Der Soziologe und Transformationsforscher Harald Welzer sieht beispielsweise den tieferen Grund, weshalb es uns nicht gelingt, das Klimaproblem, das Artensterben und andere ökologische Probleme zu lösen, darin, dass unserem – durch die Moderne geprägten heutigen Gesellschaftsmodell – ein Verständnis von Endlichkeit fehlt. Es fällt uns schwer, den Weg des «Immer mehr» zu verlassen. Eine **«Kultur des Aufhörens»** ist deshalb erforderlich. Unendliches Wachstum in einer endlichen Welt ist nicht möglich, so seine These.[117]

Fakt ist, dass alles mit allem verbunden ist. Auch wir selbst sind enger in unsere Umwelt eingebunden, als wir uns dies aufgrund unseres stark linearen Denkens vorstellen können. Tragfähige Problemlösungen bedingen eine erhöhte Sensibilität für diese größeren und vernetzten Zusammenhänge. Wie zentral das **Verständnis dieser Zusammenhänge** und das Erkennen des Problems ist, führt uns die Covid-Pandemie in drastischer Form vor Augen. Aufgrund der unbekannten Ursachen und fehlenden Erklärungen taten und tun wir uns beim Finden nachhaltiger Lösungen äußerst schwer. Die Erklärungsversuche für Covid-19, beziehungsweise für die generelle Zunahme der Virengefahr, sind vielfältig. Nebst der Lab-Leak-Theorie oder der Zoonose-Hypothese besagt eine der vertretenen Thesen zum Beispiel, dass nicht eine einzige Tierart für die Pandemie verantwortlich ist. Vielmehr hätten die Reduzierung der Biodiversität und das Eindringen des Menschen in die Lebensräume von Wildtieren sowie die Störung ihrer Populationsstrukturen zu den Epidemien und Pandemien und zahlreichen anderen globalen Gesundheitsbedrohungen beigetragen. Tierarten, die ihre Lebensräume verlieren, kommen vermehrt untereinander in Kontakt, was zu einer Erhöhung der Virulenz und Infektiosität der Erreger führt. So bietet zum Beispiel die industrielle Zerstörung der afrikanischen Regenwälder den idealen Nährboden für eine speziesübergreifende Übertragung von Viren und die Ausbreitung von Krankheitserregern.[118] Studien belegen zudem, dass bei gestressten Feldtieren die Virenlast zunimmt. Unter der Prämisse, dass eine Pandemie ausgelöst wurde durch eine zwischen Tier und Mensch übertragene Infektionskrankheit, deren Entstehung und Verbreitung im direkten Zusammenhang mit Naturzerstörung und Tierausbeutung steht, müsste eine Problemlösung zur Verringerung zukünftiger Epidemien und Pandemien die vermehrte Rücksichtnahme auf Ökosysteme, Biodiversität und natürliche Kreisläufe im Fokus haben.[119]

Unerwartete Ursachen waren auch für das nachfolgende Phänomen verantwortlich. Dass Menschen in wirtschaftlich schwierigen Zeiten gesünder sind und länger leben, ist eine Erkenntnis, die so kontraintuitiv ist, dass die Wissenschaftler sie zunächst nicht glauben wollten. In der Rezession von 1929 bis 1933 stieg in den USA die durchschnittliche Lebenserwartung von 57,1 auf 63,3 Jahre, also um rund 10 Prozent. In allen großen Wirtschaftskrisen fiel die amerikanische Sterberate. So in der Ölpreiskrise in den Siebzigern, den Rezessionen Anfang der Achtziger- und Neunzigerjahre, nach den Terroranschlägen am 11. September 2001 sowie während der Finanzkrise 2008. Der erste Erklärungsversuch lautete: Rezessionen nehmen kurzfristig Druck aus dem System. Als Wissenschaftler 2008 die Luftverschmutzung in Athen maßen, stellten sie fest, dass die Stickstoffdioxid-Konzentration in der Luft um 31 Prozent und die von Schwefeldioxid sogar um 48 Prozent zurückgegangen ist. Bei sauberer Luft sterben Menschen zum Beispiel weniger an Herzinfarkten und Schlaganfällen. Laut Berechnungen verhindert ein Anstieg der Arbeitslosenquote in den USA um fünf Prozent etwa 15 000 Tote pro Jahr. Dies unter anderem deshalb, weil Autos und Lastkraftwagen weniger Kohlenmonoxid ausstoßen. Menschen schlafen länger, sie verbringen mehr Zeit damit, sich zu entspannen und sich um ihre Familie zu kümmern. Insgesamt schätzen Wissenschaftler, dass der coronabedingte, vierzig Tage andauernde Lockdown in China aufgrund der besseren Luft etwa 32 000 Menschen das Leben gerettet hat.[120]

Verständnis der Systemlogik als Schlüssel

Die Qualität einer Problemlösung hängt maßgeblich davon ab, ob es gelingt die Systemlogik(en) zu erkennen. Die **Folgen reiner Symptombekämpfung** sind augenfällig, so zum Beispiel in der Landwirtschaft.[121] Häufige Niederschlagsausfälle in der Sahelzone führen immer wieder zu misslichen Produktionsbedingungen. Selbst in Trockengebieten werden dessen ungeachtet Jahr für Jahr Monokulturen mit Mais angebaut, welche die Böden auslaugen und allmählich deren Fruchtbarkeit zerstören. Böden verlieren damit auch ihre Pufferfunktion gegenüber Extremereignissen wie Starkregen und längeren Trockenperioden, die als Folge des globalen Klimawandels noch zunehmen werden. Statt die Kleinbauern besser auszubilden und eine nachhaltige, biologische Landwirtschaft zu fördern, setzen die Regierungen von Äthiopien und Kenia zunehmend auf einen industrialisierten Ackerbau. Das heißt, man unterliegt der Problemblindheit im gesamten System. Der damit verbundene, enorme Aufwand an fossiler Energie, Kunstdünger und Chemikalien ist kein Rezept für eine nachhaltig tragfähige Nahrungsmittelversorgung. Es ist erwiesen, dass gut bewirtschaftete Böden mit einem hohen Anteil an organischer Substanz bei anhaltender Trockenheit die Feuchtigkeit besser speichern und bei intensiven Niederschlägen auch mehr Wasser aufnehmen können. Erforderlich sind also den lokalen Ökosystemen angepasste Bewirtschaftungsformen. Dazu notwendig sind neue Anbaumethoden und eine breitere Sortenvielfalt mit dürreresistenteren Nutzpflanzen.

Auch bei der staatlichen Entwicklungshilfe scheint die Lösung das Problem zu sein. Länder wie zum Beispiel Haiti oder einige afrikanische Staaten, die sehr viel ausländische Hilfsgelder erhalten, stehen heute schlechter da als Länder, die fast auf sich allein gestellt waren wie Malaysia oder Chile. Bei korrupten Regierungen erweist sich die staatliche Entwicklungshilfe zudem oft als wirkungslos, manchmal sogar als schädlich. Ruedi Horber, Politik- und Wirtschaftsberater und ehemaliger DEZA-Mitarbeiter, postuliert alternative Ansätze: Erhöhung der humanitären Hilfe, Abbau sämtlicher Handelsschranken «Trade not Aid», Verzicht auf Waffenexporte in südliche Drittweltstaaten und, falls öffentliche Entwicklungshilfe überhaupt noch geleistet wird, Verknüpfung dieser mit der Asylpolitik.[122] In einem lesenswerten Artikel beschreibt Toni Stadler, der während fünfundzwanzig Jahren in humanitärer Hilfe und Entwicklung für IKRK, UNO, OECD und DEZA gearbeitet hat, die problematische Annahme, dass sich über Sozialhilfe Auslandshilfe leisten lässt.[123] Die zufällig ausgewählten Beispiele zeigen deutlich:

- Wir leben in einer hochvernetzten, kollektiv rückgekoppelten Welt. Jede einzelne Handlung, die wir tun oder nicht tun, hat Auswirkungen auf das Ganze.
- **Kontingenz, Mehrdeutigkeit und Komplexität nehmen im Sozialleben stetig zu** und einfache Lösungen bleiben eine Fiktion.
- Vordergründig irrelevante Faktoren erweisen sich oft als gewichtige Ursachen für das Entstehen von Problemen.
- **Trivialisierungen sind wenig zielführend** und robuste Lösungen bedingen das Verständnis des Problems und der dahinter liegenden Systemlogik.

Lernen, die Welt zu verstehen

Doch wie kann es gelingen, diese Systemlogiken zu erkennen und zu verstehen? Die naheliegende Antwort lautet: Ursachenanalyse statt Symptombekämpfung. Unsere Vorstellungen vom Zusammenspiel der Dinge und der Prozesse, die unsere Welt prägen, sind stark reduktionistisch. Zur Erkennung der Gesetzmäßigkeiten sind deshalb primär Daten erforderlich.[124] Die Tatsache aber, dass wir in einer vernetzten Welt voller Unsicherheit und Kontingenz leben, führt dazu, dass wir bei anspruchsvollen Problemstellungen selbst mit großem analytischem Aufwand nie in der Lage sind, die Ursachen-Wirkungs-Zusammenhänge und Wirkungsdynamiken abschließend zu beschreiben. Die einseitig **ursachen-wirkungs-orientiert geprägten Denkmuster sind nicht zielführend.** Die bereits 1814 vom französischen Mathematiker, Physiker und Astronomen Pierre-Simon Laplace formulierte

Wissenschaftsvision einer umfassenden Intelligenz über die universellen Ursachen-Wirkungs-Beziehungen bleibt bis heute eine Illusion. Es gibt sie nicht, die Theorie von allem, eine mathematische Weltformel, die sämtliche Kräfte der Welt beschreibt.[125] Zusammenhänge erschließen und Systemlogik verstehen muss also auch heißen, zu begreifen, dass es **nicht nur linear-kausale Zusammenhänge** und Gesetzmäßigkeiten gibt oder wir nicht in der Lage sind, diese zu erkennen. Immer mehr sind auch chaotische Effekte beobachtbar. Wie also könnte der Gegenvorschlag zum Laplace'schen Dämon aussehen, der nicht der Gefahr einer Paralyse durch Analyse unterliegt?

Die Alternative: Experimentell annähern und sich emporirren

Höhere Problemlösungsfähigkeiten erwachsen aus mehr Komplexität. Ein Mehr an Komplexität resultiert unter anderem aus der Bereitschaft und den Fähigkeiten, die Fragezeichen tiefer zu setzen, um die kontextbezogene Logik und die Vernetzungen besser identifizieren und verstehen zu können. Relevante, aufgrund der Erkenntnisse der Komplexitätswissenschaft zu erkennende Phänomene sind Muster- und Strukturbildungen, statistische und mathematische Gesetzmäßigkeiten, Kipppunkte oder kritische Zustände. Dies lässt sich am Beispiel Wasser illustrieren: Wasser hat drei Aggregatszustände, nämlich fest, flüssig und gasförmig. Bei normalem Druck beginnt es bei 100 Grad Celsius zu kochen und wird gasförmig, bei 0 Grad Celsius gefriert es. Beide Übergänge sind kritisch, weil jeweils kleine Änderungen exogener Bedingungen starke Änderungen der physikalischen Eigenschaften des Wassers zur Folge haben.[126] Beim Verstehen von Systemlogik ist die Versuchung groß, ausschließlich in linear-kausalen Zusammenhängen zu denken und als Homo rationalis zielorientiert vorzugehen. Vom österreichischen Ökonomen und Sozialphilosophen Friedrich A. von Hayek stammt der kluge Satz: *Es könnte sich als die bei weitem schwierigste (...) Aufgabe der menschlichen Vernunft erweisen, ihre* **eigenen Grenzen rational zu begreifen.**[127] Traditionell vertrauen wir dem Paradigma der bedachten Vernunft in Form der Vorausschau, Planung, Simulation und Kontrolle. Bei komplexen Systemen funktioniert diese Technik aber nicht. Denn Realität ist letztlich das, was man nicht vollständig versteht, was nicht in modellhaften Vorstellungen umfassend disziplinierbar ist. Gefordert ist eine **emergente Haltung.** Sie geht a priori von Unvorhersehbarkeiten, Zirkularitäten und Eigendynamiken eines Systems aus und operiert nicht mit einem einzigen Plan, sondern mit einem Spektrum von Szenarien, in denen unerwartete Ereignisse zufällig entstehen können. Ein unübertreffliches Vorbild dafür ist die sich evolutionär entwickelnde Natur. Sie arbeitet ohne Masterplan, sie wurstelt sich durch und sie bastelt immer wieder verblüffend funktionstüchtige Strukturen.[128]

Im Bewusstsein also, dass sich die systemischen Logiken nie abschließend analytisch offenlegen lassen, bleibt als einzige Alternative die experimentelle Annäherung, um handelnd ins Verstehen zu kommen. Oder wie es der Physiker, Kybernetiker und Philosoph Heinz von Foerster treffend formuliert hat: **Willst du sehen, so lerne zu Handeln.** Ein mächtiges Mittel des Handelns ist das Experiment. In den Naturwissenschaften steht das Experiment in höchsten Ehren. Es gilt als die Krone der Wissenschaft schlechthin[129] und als «Goldstandard»[130], wenn es darum geht, verborgene Zusammenhänge aufzuspüren, Gesetze zu finden und Theorien zu bestätigen. Experiment und Beobachtung unterscheiden sich. Die Beobachtung schließt die Möglichkeit aus, manipulativ in den Forschungsgegenstand einzugreifen und Elemente zu isolieren, während ein Experiment dies zwingend vorsieht. Immanuel Kant bezeichnet den experimentell Forschenden denn auch treffend als «bestallten Richter», der die «gepeinigte Natur» (natura vexata) zur Herausgabe ihrer Geheimnisse zwingt.[131] Damit gewinnt das Experiment über die bewährte Falsifikationsfunktion hinaus seine wertvolle Explorationsfunktion. Die Methodik des Experiments, in Form von Labor- und Realexperimenten, ermöglicht unbeabsichtigte und zufällige Entdeckungen und ist deshalb zentral für das Erkennen der sich subtil abzeichnenden Muster und das Verstehen der Systemik, insbesondere der selbstorganisatorischen

Steuerungslogik. Laborexperimente bieten den Vorteil, dass sich die Variablen kontrollieren lassen und dass sie verlässliche Aussagen zulassen (interne Validität). Das im Labor generierte Wissen besitzt aber nur eine eingeschränkte Übertragbarkeit auf die Realität (externe Validität). Die in einem realitätsnäheren Kontext stattfindenden Feld- und Realexperimente erreichen meist eine höhere externe, aber geringere interne Validität. Sie erlauben das Erkennen von Systemlogik und erzeugen eine Art **«Realität auf Probe»**.[132] Damit wird die bisherige Erklärungstheorie, wie die Welt funktioniert, verändert. Bislang verdeckte Zusammenhänge werden transparent und helfen, Vernetzungen besser zu verstehen. Wir sind in der Lage, das bisher Unbekannte zu benennen und zu versprachlichen. Diese Versprachlichung ist für den Problemlösungsprozess wichtig oder wie es der Philosoph Ludwig Wittgenstein formulierte: *Die Grenzen meiner Sprache bedeuten die Grenzen meiner Welt.* Durch die experimentelle Annäherung erreichen wir Handlungsfähigkeit, und das erlangte Wissen besitzt zudem eine hohe Überzeugungskraft.

Im Irrtum steckt Substanz

Vornehmlich bei anspruchsvollen Problemstellungen mit hoher Unsicherheit und fehlendem Erfahrungswissen ist die **experimentelle Annäherung als Lösungsstrategie alternativlos.** Nur das Regelbare, routiniert immer gleich Ablaufende kann dargestellt werden. Komplex-kontingente Herausforderungen aber entziehen sich dieser eindeutigen Beschreibung. Die erlebte Pandemie war diesbezüglich ein eindrückliches und, hoffen wir, ein unser kollektives Bewusstsein nachhaltig prägendes Anschauungsbeispiel.

Sich experimentell anzunähern, bedeutet immer auch, spielerisch dem Zufall eine Chance zu geben, sich überraschen zu lassen und Dinge zu finden, nach denen man nicht gesucht hat.[133] Ziel ist es, durch ein **ergebnisoffenes Handeln schrittweise ins Verstehen zu kommen.** Im Irrtum kann manchmal mehr Substanz stecken als in einer Verstandseinsicht. Der frühere stellvertretende Vorstandsvorsitzende der Otto Group, Rainer Hillebrand, sagte über die Transformation bei Otto: *Wir irren uns empor.* Dieser Satz enthält Demut und Weisheit, ein offenes Eingeständnis, dass man es selbst nicht weiß, und somit ein ehrliches und produktives «Resignieren». Auf der anderen Seite steht der Anspruch des Empor- und Vorankommens. Wenn wir experimentieren, dokumentieren wir, dass es etwas gibt, das wir noch nicht wissen, aber wissen möchten. Das heißt, wir erkennen die Magie des Unbekannten. Wir beweisen damit einen Sinn für Offenheit und wir hoffen, durch das Experiment auf Erklärungen zu stoßen, die uns für die Lösung eines Problems weiterhelfen. Der Fokus liegt auf dem Erkennen, was wirklich wichtig ist. Das heißt, es gilt nach den wenigen essenziellen Dingen Ausschau zu halten. Oder wie es der Unternehmer Greg McKeown in seinem Buch «Essentialismus» formuliert: *Es geht, im Sinne eines Minimalismus, um die konsequente Suche nach Weniger.*[134] Das Scheitern ist aber auch ein natürliches Nebenprodukt des Experimentierens. Gerald Hüther dazu: *Weil wir Menschen Suchende sind, können wir uns eben auch verirren. Wenn wir alles im Griff hätten und in der Lage wären, unsere Zukunft tatsächlich so zu gestalten, wie wir sie uns vorstellen und wünschen, wenn wir alles, was künftig geschieht, genau vorhersagen könnten und für alle zu unseren Lebzeiten auftretenden Schwierigkeiten, Probleme, und Bedrohungen eine optimale Lösung parat hätten, gäbe es keine Zukunft mehr. Dann würde alles nur noch genau so weitergehen, wie wir es geplant, vorausgesehen und unter Kontrolle zu bringen gelernt haben.*[135]

Wenn wir die vernetzte, rückgekoppelte Systemdynamik als reale Lebenswirklichkeit ernst nehmen, müssen wir dem Experiment und Zufall vertrauen. Das heißt: zurück zur Bescheidenheit und Demut, die **Hyperrationalität** ablegen, das Nichtwissen akzeptieren, das Unklare, kausal nicht Erklärbare annehmen und immer wieder bereit sein, Dinge zu finden, nach denen wir nicht gesucht haben.[136] Es gilt also Bedeutsames zu entdecken, ohne dass man es darauf angelegt hat. Dazu ist eine Haltung erforderlich, Neues zuzulassen und sich dem Unerwarteten zu öffnen. In der Wissenschaft spricht man vom Serendipitätsprinzip. Es bezeichnet eine positive, unerwartete Wendung, eine zufällige Beobachtung von etwas ursprünglich nicht Gesuchtem, das sich als überraschende Entdeckung erweist.[137] Wir (er-)finden Lösungen, die wir uns aktuell noch nicht einmal vorstellen können. Mit der experimentellen Annäherung durchbrechen und erweitern wir den analytischen Verstehensprozess. Dazu braucht es eine spielerische Neugier und den Mut, auch Dinge zu wagen, die der eigenen und kollektiven Erfahrungswelt widersprechen. Oder wie es der Literat Franz Kafka formulierte: *Wege entstehen dadurch, dass man sie geht.*

Handelnd ins Verstehen zu kommen, wird durch die drei bereits thematisierten **Haltungsprinzipien** entscheidend unterstützt:

Wirklichkeit als Eigenkonstrukt begreifen: Nur wenn ich mich auf das Verstehen konzentriere, akzeptiere, dass mir die tatsächliche Erschließbarkeit der Realität und Wirklichkeit verwehrt bleibt, und ich bereit bin, die eigenen Erfahrungen nicht als allgemeingültige Referenz zu verstehen, werde ich in der experimentellen Annäherung einen Mehrwert für das Verständnis der Systemlogik erkennen.

Nicht Recht haben müssen: Nur wenn für mich nicht schon alles feststeht, ich mich von kontraproduktiven Selbstinszenierungen und Positionsbezügen befreien kann, werde ich mich auf die ergebnisoffene Annäherung einlassen. Das heißt, die Explorationsfunktion des Experiments anzuerkennen und das eigene Ego zurückzustellen. Aus dem Erkennen neuer, die eigene Deutungswelt erweiternder Erkenntnisse ziehe ich eine innere Befriedigung.

Nichtwissen eingestehen: Nur wenn ich vereinfachenden Interpretationen misstraue, mich von der Kompetenzillusion, zu verstehen und zu wissen, befreie, werde ich mich auf die experimentelle Annäherung einlassen können. Das Bewusstsein um die Grenzen des eigenen Wissens hält das produktive Zweifeln wach und begünstigt die Einsicht, dass ein gesundes Maß an Skepsis bedeutsamer ist als vermeintliche Fakten.

Haltung leben – es beginnt bei mir!

Die beschriebene Haltungsdisposition **«Sich experimentell annähern und handelnd ins Verstehen kommen»** erfordert eine geistige Emanzipation, eine gelebte Bescheidenheit sowie eine neuartige Routine.

Die **geistige Emanzipation** äußert sich wie folgt:

- Ich anerkenne den Mehrwert des Begreifens der jeweiligen Systemlogik als Basis für das Finden passender Lösungen und gewichte das Verstehen höher als die Lösungsfindung.
- Ich befreie mich von trivialisierenden Interpretationen und erkenne, dass alles mit allem gekoppelt ist und deshalb die Mehrzahl der Probleme nicht nur durch lineares Kausalitätsdenken erklärbar ist.
- Ich widerstehe dem Reflex, unter Rückgriff auf die eigene Erfahrungswelt sofort Lösungen postulieren und vertreten zu müssen.
- Ich lege die Hyperrationalität ab, verzichte auf ein analytisches Erkennen linearer Ursachen-Wirkungs-Ketten und vertraue auf die experimentelle Annäherung und das Verstehen durch Handeln.

Aus der Akzeptanz dieser Annahmen resultiert eine spezielle Form der Demut. Das Hinterfragen unserer derzeitigen Einsichten macht uns wissbegierig darauf, welche Informationen uns fehlen. Die Suche führt zu neuen Entdeckungen, die wiederum dafür sorgen, dass wir neugierig bleiben, indem sie untermauern, wie viel wir noch zu lernen haben.[138]

Diese **gelebte Bescheidenheit** lässt sich idealtypisch wie folgt beschreiben:

- Ich akzeptiere die Kontingenz, Mehrdeutigkeit und die rückgekoppelte Eigendynamik von Systemen und erkenne, dass ich die vernetzte(n) Funktionslogik(en) nicht wirklich verstehe.
- Ich bin mir bewusst, dass persönliche Erfahrung auch als Fantasiekiller wirkt, den eigenen Denkraum limitiert und sich deshalb selten als Referenz für nachhaltige Problemlösungen eignet.

- Ich verhalte mich spielerisch neugierig, gebe dem Zufall eine Chance und vertraue darauf, dass die Anzahl denkbarer Lösungen unendlich groß ist.
- Ich erkenne, dass explorative Experimente den alternativlosen Zugang für das Verstehen der zentralen und oft verborgenen Systemlogiken darstellen.

Diese Qualität an Bescheidenheit erlaubt es, vertraute Gewohnheiten zu durchbrechen und ein neuartiges Verhalten, das zur Routine werden soll, proaktiv zu leben.

Die **einzuübende Routine** lautet:
Fragezeichen tiefer setzen und experimentell verstehen
Ich kapituliere nicht vor der Komplexität, sondern fokussiere meine Aufmerksamkeit auf das sukzessive Erkennen und Verstehen der kontextbezogenen Logik, der Zusammenhänge, der Vernetzungen und Muster. Dabei orientiere ich mich an der Tatsache, dass Systeme nur verständlich sind, wenn wir sie durch konkretes Handeln ändern. Das heißt, ich interveniere, **lasse mich von einer experimentell-explorativen Haltung leiten,** vertraue dem spontan Entstehenden und komme damit handelnd ins Verstehen. Im Bewusstsein, dass ich die Vernetzungen nie vollständig erfassen kann, nähere ich mich dem Unbekannten an und versuche es zu versprachlichen. Durch das fortlaufende Experimentieren nehme ich Unstetigkeit und Unruhe bewusst in Kauf.

Wie aber können wir die in uns tief verankerte Überzeugung, durch Vernunft und Analytik Systemlogiken entschlüsseln zu können, erweitern und das Potenzial eines Verstehens durch Handeln erfahrbar gestalten? Wie kann es gelingen, ein Vertrauen in die experimentelle Annäherung und in das Sich-Emporirren aufzubauen? Dazu nachfolgende Beispiele.

Mutmachende Denkangebote

Die Frage nach der Zukunft unserer Arbeitswelt und nach der Reform der Sozialsysteme stellt eine zentrale und perspektivisch zu lösende Problemstellung dar. Experten prognostizieren dramatische Veränderungen mit massiven gesellschaftspolitischen Implikationen. Was sollen Menschen noch tun, wenn Roboter, Computer und Algorithmen bald den Großteil der klassischen Erwerbsarbeit übernehmen? Wie können wir ein menschenwürdiges Dasein führen und am öffentlichen Leben teilhaben, unabhängig von einer Erwerbsarbeit? Wird das Wort Beschäftigung verschwinden und liegt der Schlüssel in der Selbstbeschäftigung? Wie aber soll diese finanziert sein? Die Lösung all dieser Probleme kennen wir noch nicht. Klar ist nur: **Wir müssen ganz neu denken.** Ein postulierter Lösungsansatz stellt das bedingungslose Grundeinkommen dar. Dieses sozialpolitische Finanztransferkonzept wird in vielen Ländern breit und kontrovers diskutiert. In der Schweiz wurde die Volksinitiative für ein bedingungsloses Grundeinkommen, bei einer Stimmbeteiligung von 47 Prozent, bereits im Juni 2016 von 77 Prozent der Stimmenden abgelehnt. Zu viele Fragen waren offen, zu unklar die Zusammenhänge und Effekte. Wie ist der Ansatz unter den Gesichtspunkten von Gerechtigkeit und Gleichheit zu bewerten? Wie sieht der gesellschaftliche Nutzen aus und wie ist die ökonomische Finanzierbarkeit zu beurteilen? Wie verhalten sich Menschen, die vom Staat eine gesetzlich festgelegte finanzielle Zuwendung ohne Gegenleistung erhalten? Ist der Generalverdacht des Sozialschmarotzers und Sozialkassenplünderers zutreffend oder aber führt die Zuwendung dazu, dass ein Großteil der Empfängerinnen durch die finanzielle Absicherung ihre Lebensenergie gesellschaftsrelevant einsetzt? Führt das bedingungslose Grundeinkommen primär zu Faulheit oder zu mehr intrinsischer Motivation, um eigene Träume und das eigene Potenzial zu nutzen und einen Beitrag für die Gesellschaft zu leisten? Die vielen exemplarischen Fragen zeigen, dass wir die relevanten Systemlogiken nicht verstehen und dass die experimentelle Annäherung alternativlos ist. Mittlerweile gibt es in verschiedenen Ländern Modellversuche.[139] Ob diese in der Lage sein werden, die Zusammenhänge zu erklären, bleibt offen. Mit

Sicherheit aber werden sie helfen, handelnd ins Verstehen zu kommen. Zum Beispiel zu begreifen, wie sich Menschen aufgrund bedingungsloser Zuwendungen im Alltag wirklich verhalten.

Coronabedingte Realexperimente

Auch im Kontext der Coronapandemie gibt es interessante Ansätze, die zeigen, wie man versucht, durch eine experimentelle Annäherung mehr über die bis anhin unerklärbaren Systemlogiken zu verstehen. Toledo gilt als echte Pandemie-Vorzeigestadt. Sie liegt im Südwesten Brasiliens und hat eine Impfquote erreicht, von der die meisten europäischen Städte nur träumen können: 99 Prozent der Bewohner über zwölf Jahre haben eine erste Dosis erhalten. Toledo wird somit zum größten Corona-Versuchslabor der Welt. Ab Anfang November 2021 führte der Pharmakonzern Pfizer eine einjährige Feldstudie durch, um herauszufinden, was mit dem Virus passiert, wenn die gesamte Bevölkerung immunisiert ist. Dafür will der Konzern alle Bewohner über zwölf Jahre so bald wie möglich vollständig impfen. Für das Realexperiment weist die Stadt mit 143 000 Einwohnern eine ideale Größe auf und die örtlichen Gesundheitsbehörden, das Spital und die Universität von Toledo sind in der Lage, das Experiment wissenschaftlich zu begleiten. Virus und Infektionsgeschehen wurden durch die Behörden seit dem ersten Coronafall systematisch überwacht und dokumentiert. Anfang 2021 fand in der Stadt Serrana ein ähnliches Experiment statt. In dem 45 000-Einwohner-Städtchen wurden jedoch nur die Erwachsenen komplett geimpft und dies mit dem chinesischen Impfstoff CoronaVac. Dennoch zeigte die Studie ermutigende Ergebnisse: Die Zahl der Krankheitsverläufe mit Symptomen ging um 80 Prozent zurück, Spitaleinweisungen sanken um 86 Prozent und Todesfälle sogar um 95 Prozent.[140] Um immer genau zu wissen, wie sich das Virus entwickelt, regt der Schweizer Epidemiologe Marcel Salathé die Initialisierung einer **Covid-19-Kohorte** an. Das heißt, eine schweizweite Covid-19-Studie aufzusetzen, bei der eine repräsentative Gruppe mit Menschen verschiedenen Alters und Geschlechts über mehrere Jahre begleitet würde.[141]

Betriebliche Ansätze

Auf organisationaler Ebene stellt die Frage nach dem Weg zu einer nachhaltigen Organisationsentwicklung eine anspruchsvolle Problemstellung dar, mit der sich viele Führungskräfte konfrontiert sehen. Der Ansatz, auf rational-analytischer Basis die Logiken, nach denen eine Organisation funktioniert, zu erkennen und daraus ein wirksames Changeprogramm abzuleiten, muss aufgrund der Systemkomplexität scheitern. Alternativ dazu lässt sich beobachten, dass bereits viele Firmen mit Hilfe von Hackathons versuchen, Systemlogiken auf experimenteller Basis auf die Spur zu kommen und diese zu entschlüsseln. Die Wortschöpfung aus Hack (technischer Kniff) und Marathon ist eine kollaborative Ideenentwicklungs-Veranstaltung. Die Arbeitsphase dauert mehrere Stunden bis Tage. Nach Abschluss des Hackathons präsentieren die beteiligten Gruppen ihre Ergebnisse. Im Rahmen der «Management-Hackathons» generierten zum Beispiel bei Adidas mehr als 3000 Mitarbeitende aus unterschiedlichen Bereichen über 4000 Ideen, um das Managementmodell des Unternehmens weiterzuentwickeln. Dabei wurde den Mitarbeitenden wöchentlich online ein bestimmtes Prinzip, zum Beispiel Transparenz, präsentiert und die Frage gestellt: «Was würdest du verändern, damit Adidas transparenter wird?» Die Antworten waren sehr vielfältig. So zum Beispiel: «Wir sollten alle Gehälter offenlegen», «Wir brauchen eine Open-Book-Policy, bei der alle Einblick in die finanziellen Daten des Unternehmens erhalten» etc. In acht Wochen wurden rund achthundert Hacks entwickelt und darüber abgestimmt. Die erfolgversprechendsten Ideen probierte man in Form von konkreten Experimenten durch Teams von Freiwilligen innert dreißig Tagen aus.[142] Die Hacks stellen Interventionen dar, die das System irritieren und es zur Freigabe seiner Geheimnisse zwingen. Aus dieser Offenlegung lassen sich wertvolle Erkenntnisse über die betriebliche Systemlogik gewinnen.

Die Beispiele zeigen die Bedeutung der explorativen Annäherung und lassen das Prinzip für passende Problemlösungen erkennen: **Verzicht auf Big Design,** das System durch Safe-to-fail-Experimente verändern und handelnd ins Verstehen kommen. In der Softwareentwicklung hat sich das Agile

Computing bereits gegenüber dem Phasenmodell durchgesetzt. Agile Computing basiert auf iterativen, kurz angelegten Projektetappen, sogenannten Sprints, bindet den Kunden in die Entwicklung ein und verläuft nach dem Motto *«Responding to change over following a plan»*. Angelehnt an die Softwareentwicklung, die mit sogenannten Minimum Viable Products (MVP) arbeitet, nutzt man bei den erläuterten, exemplarischen Modellversuchen **Minimum Viable Solutions (MVS)** zum Erkenntnisgewinn. Das heißt, eine minimal funktionsfähige Iteration einer Problemlösung, die dazu dient, möglichst schnell aus Realfeedbacks mehr über die Systemlogik und Wirkungsbeziehungen zu erfahren. Aufgrund meiner Erfahrung als Hochschullehrer sollte diese Denklogik auch vermehrt Einzug an unseren, zum Teil zu Wissensfabriken verkommenen Universitäten halten. Die heute nach wie vor auf die Wissensvermittlung fokussierten Curricula stehen leider im Widerspruch dazu, und den Studierenden müsste viel mehr Zeit und Raum zum Experimentieren gegeben werden.

Selbstbeobachtung

Zur Arbeit an dem Haltungsprinzip **«Sich experimentell annähern und handelnd ins Verstehen kommen»** erweist sich die Selbstbeobachtung des eigenen Verhaltens als hilfreich. Ich empfehle, das im Problemlösungsalltag Beobachtbare zu analysieren und das Ergebnis in einem **Logbuch** zu dokumentieren. Als hilfreiche Eintragungen erweisen sich möglichst konkrete Beschreibungen des Erlebten zu den nachfolgenden hypothetischen Situationen:

Als es mir gelang, genauer hinzusehen, mich **auf das Verstehen zu konzentrieren** *und dem Reflex in Lösungen zu denken zu widerstehen …*

Als ich erlebte, wie Raum öffnend das **Verständnis der Zusammenhänge** *und Logiken für das Finden passender Lösungen ist …*

Als ich das analytische Vorausdenken ablegen, mich experimentell annähern und **handelnd mehr verstehen konnte** *…*

Als ich erkannte, wie unendlich **groß das Lösungsspektrum** *ist und wie stark meine Erfahrungen den eigenen Lösungsraum limitieren …*

Zur Überprüfung der Anschlussfähigkeit der postulierten Haltungsmerkmale eignet sich die nachfolgende Selbstbefragung.

Reflexionsfragen zur Introspektion

- *Wie oft erlebe ich, dass das eigentliche Problem meine Art der (Problem-) Lösung ist?*
- *Kann ich der Versuchung widerstehen, umgehend Lösungen postulieren zu müssen?*
- *Bin ich bereit, durch eigenes Handeln in das Verstehen zu kommen und passende Lösungen zu finden?*
- *Verfüge ich über die explorative Neugier und die Fähigkeit, mittels Experimente die Offenlegung von Systemlogik(en) zu provozieren und die Welt zu verstehen?*
- *Habe ich den Mut, mich emporzuirren und mich auf die neue Routine* **«Fragezeichen tiefer setzen»** *einzulassen?*

Es könnte lohnend sein, die nachfolgende Botschaft zu verinnerlichen und sich zu eigen zu machen: *Wer bei komplexen Problemen behauptet, er kenne die Lösung, hat das Problem nicht erkannt!* Unsere Welt lebt von Mehrdeutigkeit – von mehr als einem Problem und mehr als einer Lösung.

Bescheidenheit wagen:
Sich emporirren
statt alles im Voraus wissen wollen!

Zwischenfazit

Sich experimentell annähern und handelnd ins Verstehen kommen

Geistige Emanzipation

- Ich anerkenne den Mehrwert des Begreifens der jeweiligen Systemlogik als Basis für das Finden passender Lösungen und gewichte das Verstehen höher als die Lösungsfindung.
- Ich befreie mich von trivialisierenden Interpretationen und erkenne, dass alles mit allem gekoppelt ist und deshalb die Mehrzahl der Probleme nicht nur durch lineares Kausalitätsdenken erklärbar ist.
- Ich widerstehe dem Reflex, unter Rückgriff auf die eigene Erfahrungswelt sofort Lösungen postulieren und vertreten zu müssen.
- Ich lege die Hyperrationalität ab, verzichte auf ein analytisches Erkennen linearer Ursachen-Wirkungs-Ketten und vertraue auf die experimentelle Annäherung und das Verstehen durch Handeln.

Gelebte Bescheidenheit

- Ich akzeptiere die Kontingenz, Mehrdeutigkeit und die rückgekoppelte Eigendynamik von Systemen und erkenne, dass ich die vernetzte(n) Funktionslogik(en) nicht wirklich verstehe.
- Ich bin mir bewusst, dass persönliche Erfahrung auch als Fantasiekiller wirkt, den eigenen Denkraum limitiert und sich deshalb selten als Referenz für nachhaltige Problemlösungen eignet.
- Ich verhalte mich spielerisch neugierig, gebe dem Zufall eine Chance und vertraue darauf, dass die Anzahl denkbarer Lösungen unendlich groß ist.
- Ich erkenne, dass explorative Experimente den alternativlosen Zugang für das Verstehen der zentralen und oft verborgenen Systemlogiken darstellen.

Einzuübende Routine

Fragezeichen tiefer setzen – experimentell verstehen!

5

Mainstream misstrauen und Kontraintuitives erproben

Einzuübende Routine: Komfortzone verlassen

«Wenn **du** feststellst, dass du zur **Mehr**heit gehörst, ist es an der **Zeit**, deinen **Stand**punkt zu überdenken.» *Mark Twain*

Blind sein mit offenen Augen

Aus der Denkpsychologie stammt das bekannte Neun-Punkte-Problem. Die Fragestellung lautet: Wie gelingt es neun quadratisch angeordnete Punkte mit einem Stift durch vier oder weniger gerade Linien zu verbinden, ohne den Stift abzusetzen? Die Herangehensweise der Versuchspersonen an dieses Problem wurde experimentell untersucht. Das Ergebnis: Weil Testpersonen dazu neigen, selbst definierte Einschränkungen vorzunehmen, benötigen sie oft sehr lange, bis sie eine Lösung finden. Eine dieser Begrenzungen besteht darin, dass beim Zeichnen der Striche versucht wird, das Quadrat nicht zu verlassen. Eine Lösung des Problems wird aber gerade erst dann möglich, wenn man über diese Grenze hinaus zeichnet. Verlässt man die euklidische Geometrie, sind auch Lösungen mit weniger als vier Strichen bis zur Lösung mit nur einem Strich findbar. So etwa eine Lösung, bei der ein Stift gewählt wird, dessen Strichbreite mindestens gleich groß ist, wie der Abstand der Eckpunkte, die jeweils eine Kante des von den Punkten gebildeten Quadrats bilden. Oder man stellt das Papier als Zylinder so auf, dass die neun Punkte schräg angeordnet sind. Fährt man mit einem Stift gerade herum, resultiert eine Spiralform, welche die Punkte verbindet.[143] Das einfache Beispiel zeigt, dass es für jedes Problem **viel mehr Lösungen** gibt, als wir uns vorstellen können.

Aber auch eine grundsätzliche Problematik wird erkennbar, mit der wir als Problemlösende konfrontiert sind. Passende Lösungen lassen sich oft deshalb nicht finden, weil wir durch selbstkonstruierte Einschränkungen und Limitierungen das Lösungsspektrum unbewusst begrenzen. Die gedankliche Gefangenheit im Quadrat oder der euklidischen Geometrie stehen stellvertretend für die Vielzahl solcher Eigenbegrenzungen. Sie sind Ausfluss einer kulturellen Prägung und verfestigen sich in einer Mainstream- oder Kohorten-Denke, das heißt einer Strömung, die das Meinungsklima und den Geschmack einer großen Mehrheit widerspiegelt. Ein Großteil unserer Gedanken stammt aus dem Gruppenbewusstsein. Sie passen zu unserem Realitätskonstrukt und wir imitieren sie.[144] Wenn sich aber alle einig sind, führt dies zu einer gefährlichen intellektuellen Starrheit. Oder wie es der deutsche Schriftsteller Emil Gött treffend formuliert: **Am feinsten lügt das Plausible.**

Mainstream konturiert sich in Stufen: Erlebtes, das funktioniert, wird wiederholt – es wird zu einem individuellen und institutionellen Haltungs- oder Handlungsmuster – zur kollektiven Erfahrung, zum Standard und schließlich nicht selten zu einem Dogma. Genauso wie die Klimapolitik zum Mainstream geworden und «Greenwashing» allgegenwärtig ist, so lässt sich die Sehnsucht nach dem Geschmack der vielen auch in der Berufswelt beobachten. Ausbildung hat eine denkprägende Wirkung und jede Profession bildet ihre Standards, Muster und Realitätskonzepte aus. Vereinbarungen also, die wir getroffen haben und an die wir uns gemeinsam halten. Per Zufall hatte ich Gelegenheit, in einer deutschen Verwaltungsinstitution die Stellungnahme der internen Rechtsabteilung zu einer geplanten Änderung der Hausordnung betreffend Mitbringen von Haustieren an den Arbeitsplatz zu lesen. Verfasst in der juristischen Fachsprache umfasste die Stellungnahme sechs Seiten. Sie enthielt formale Feststellungen zur nicht adäquaten Regelung des Sachverhalts auf Stufe Hausordnung, zu allfällig negativen Implikationen auf das Arbeitsverhalten, zu Fragen nach einer tierschutzgerechten Haltung und nach einzuhaltenden Hygienestandards bis hin zu allfälligen Krankheitsrisiken. Für die Verfasser der Stellungnahme liegt eine pragmatische, dem gesunden Menschenverstand folgende Lösung außerhalb des Vorstellbaren. Sie wollen mit dem Recht Erwartungen gegen die Realität absichern und Erwartungssicherheit schaffen. Jedoch nicht nur bei Juristen, sondern auch in anderen Disziplinen lassen sich die denkprägenden Wirkungen der Ausbildung erkennen. Gemeinsam mit Dirk Osmetz und Stefan Kaduk habe ich mich während mehr als zwanzig Jahren an der UniBw München – im Rahmen des Forschungsprojekts Musterbrecher® – mit der Musterbildung im Kontext der Führung beschäftigt. Gegenstand des praxisnahen universitären Projekts bildeten unter anderem die nachfolgenden Fragen: Welches sind die dominanten, den Mainstream der Managementprofessionalität repräsentierenden Muster? Auf welchen Prämissen basieren diese, inwieweit sind diese mehrwertstiftend und welche dysfunktionalen Nebenwirkungen und Folgeeffekte lassen sich beobachten? Wie weit limitieren diese Muster das Verhaltensrepertoire von Führungskräften und somit auch die gelebte Führungspraxis? In dem Forschungsprojekt haben wir zudem weltweit Persönlichkeiten analysiert, sogenannte Musterbrecher, die mit alternativen Haltungen und Ansätzen «Führung» leben. Bei diesen, außerhalb der Mehrheitsmeinung liegenden Beispielen hat uns vor allem interessiert, welches die beobachtbaren Effekte einer musterbrechenden Führung sind und wie Organisationen darauf reagieren. Die Ergebnisse des Forschungsprojekts konnten wir in mehreren Büchern, zahlreichen Artikeln und einem Dokumentarfilm veröffentlichen.[145]

Erfahrung wirkt Lösungsraum begrenzend

Auch im Verständnis der in den bisherigen Kapiteln dargestellten vier Haltungsprinzipien lässt sich das in einer Demokratie akzeptierte «argumentum ad populum», nach dem etwas richtig sein muss, weil es der Meinung der Mehrheit entspricht, erkennen. So ist es Ausfluss unserer sozio-kulturellen Prägung, dass wir mehrheitlich davon ausgehen, dass wir durch unsere Sinnesorgane ein objektives Abbild der Welt erhalten und dadurch die Realität und Wirklichkeit für alle identisch und in gleicher Form erschließbar ist. Es entspricht einer gesellschaftlichen Erwartung, dass eine attestierte Kompetenz das Rechthaben mit einer pointierten eigenen Meinung bedingt oder dass das Eingeständnis des Nichtwissens und die Offenlegung der eigenen Unkenntnis tendenziell als Schwäche zu deuten sind. Ebenso wird die rasche Lösungsorientierung gesellschaftlich höher gewichtet als ein Sich-experimentell-Emporirren und das Verstehen durch Handlung. Diese Annahmen prägen unsere individuelle und institutionelle **Erfahrungswelt.** Für die postulierte Forderung, Problemlösung neu zu denken, ist ein Abrücken von diesen, durch eine Mehrheit mitgetragenen Prämissen zentral.

In unserem komplexen Kosmos stellen Erfahrungen eine wertvolle und überlebenswichtige Navigations- und Orientierungshilfe dar. Sie funktionieren wie eine innere Programmierung. Sind wir mit einem Problem konfrontiert, so findet bei der Lösungssuche automatisch der Rückgriff auf Erfahrungen statt. Bei den alltäglichen Herausforderungen verfügen wir in der Regel über bewährtes Wissen, und der Erfahrungsrückgriff führt – hoch effizient und mit großer Erfolgswahrscheinlichkeit – zu einer zielführenden Lösung. So steuern wir problemlos ein Fahrzeug in der Rushhour oder ein anspruchsvolles Projekt. Bei der Mehrzahl der komplexen Herausforderungen handelt es sich jedoch um neuartige Probleme, bei denen ein Erfahrungsrückgriff nicht möglich und erfolgversprechend ist. Die Versuchung aber ist groß, dass wir uns auch in diesen Fällen auf der Basis bisheriger Erfahrungen für das Prinzip «Mehr desselben» entscheiden. Die anspruchsvolle Herausforderung besteht deshalb darin, zu erkennen, wann Erfahrungen als Navigationshilfe wertvoll sind und wann der Rückgriff auf die Erfahrung den **eigenen Denkraum** einschränkt. Oder wie es der Neurobiologe Gerald Hüther formuliert: *Erlebtes, egal, ob positiv oder negativ, verdichtet sich im Laufe der Jahre zu starken inneren Überzeugungen, die die Vorstellungskraft blockieren.*[146] Öfter, als uns bewusst ist, operieren wir deshalb im Modus «Gefangene des Gewohnten» und wir reiten tote Pferde durchs Ziel. Insbesondere für den Problemlösungsprozess erweisen sich Erfahrungen eher als Scheuklappen und der Rückgriff auf diese als dysfunktional. Erfahrungen schaffen vermeintliche Referenz- und Orientierungsstandards, deren Negierung und Überwindung Mut und Kraft erfordert. Sie führen zu einer Begrenzung des Optionenspektrums und verleiten zu voreilig schnellen, naheliegenden und nur vordergründig funktionierenden One-size-fits-all-Lösungen. Der Soziologe Armin Nassehi betont, dass gerade das Funktionieren dazu führt, dass sich nicht immer das Beste durchsetzt. Auch aus Gründen der Bequemlichkeit halten wir an alten Ansichten fest und tun uns schwer, umzudenken und umzulernen sowie neue Sichtweisen zuzulassen. Selbst die uns faszinierenden technologischen Fortschritte, zum Beispiel bei der Digitalisierung, können nicht darüber hinwegtäuschen, dass die Technik heute bei Weitem nicht so innovativ ist, wie behauptet wird. Der Technologiejournalist Thomas Ramge spricht von einer Innovation Delusion und zeigt auf, dass Technik heute langsamer voranschreitet als in früheren Zeiten und dass die Bilanz der wirklichen Innovationen dürftig ausfällt. Auch fällt es schwer, zu exnovieren, das heißt, frühere Innovationen wieder abzuschaffen, wenn sich beispielsweise herausstellt, dass diese unsere Lebensgrundlage bedrohen.[147]

Die Geschichte lehrt uns, dass viele Probleme keine einfachen Lösungen kennen und dass oft die Erweiterung des Lösungsraums und damit ein Aufbrechen der verfestigten, den Mainstream bildenden Sicht- und Handlungsmuster sowie ein Um-die-Ecke-Denken erforderlich sind. Erfahrungswissen und frühere Erfolgsmuster verlieren an Relevanz, und ein Schwimmen gegen den Strom, also contra das Gewohnte, Alltägliche, Gängige, Reguläre, Verbreitete, Unhinterfragte und Bewährte, ist unerlässlich. Zurecht weist der Journalist Robert Misik darauf hin, dass heute Mainstream-Kritik der neue Mainstream ist.[148] Den Mainstream zu verlassen, bedeutet nicht einfach, nonkonformistische Querdenkerin zu sein, Fakten zu ignorieren, den Regelbruch zur Regel zu proklamieren und naiv alles anders zu tun. Postuliert wird ein intelligenter und **nachdenklicher Nonkonformismus,** das heißt, die kritische Reflexion von Pfadabhängigkeiten, eine gesunde Skepsis gegenüber dogmatischen Mehrheitsströmungen, die Bereitschaft, scheinbare Gewissheiten loszulassen, Grenzen zu verschieben und denjenigen Fakten die meiste Aufmerksamkeit zu schenken, die den eigenen Überzeugungen widersprechen. Sich also immer wieder die Frage zu stellen: *Muss das so sein?* Weshalb aber fällt es so schwer, diese verfestigten Bahnen zu verlassen, die eigenen, den Lösungsraum begrenzenden Einschränkungen und Begrenzungen zu erkennen und zu durchbrechen? Welche Logik verbirgt sich dahinter?

Gewohnheiten sind biologisch vorbestimmt

Menschen verhalten sich gewohnheitsmäßig und zutiefst voreingenommen.[149] Evolutionär haben Routinen und rasches Handeln durchaus ihren Sinn. Schnelle Entscheide auf Basis flüchtiger Hinweise sicherten das Überleben unserer Spezies. Studien der Duke University in North Carolina weisen darauf hin, dass circa 40 Prozent der von uns täglich ausgeführten Handlungen auf Gewohnheiten beruhen.[150] Biologisch gesehen ist die Ausbildung von Gewohnheiten eine **Grundtendenz** unserer Psyche und aus energetischen Gründen für unser Gehirn sehr vorteilhaft. Ohne Gewohnheiten könnten wir nicht überleben, und die Gründe dafür umschreibt Gerhard Roth wie folgt: *Jede neue und wichtige Situation, mit der wir nach Prüfung durch unser Unbewusstes konfrontiert werden, muss aufmerksam wahrgenommen und beurteilt werden. Das braucht Zeit, manchmal mehrere Minuten, und unser Gehirn, vornehmlich das vordere, präfrontale und das hintere (partietal-temporale) Arbeitsgedächtnis, muss angestrengt arbeiten, um die Sachlage zu erfassen und das Ergebnis mit den bisherigen Erfahrungen abzugleichen. Das Ergebnis dieses Abgleichs wird dann im Gedächtnis abgespeichert. All das erfordert synaptische Neuverknüpfungen zwischen den beteiligten Nervenzellen und kostet, (…) richtig viel Stoffwechselenergie (Zucker) und Sauerstoff, was wir als Anstrengung erleben. Das Gehirn versucht deshalb, auf vorhandene Wahrnehmungs- und Deutungsschemata zurückzugreifen, also festzustellen: «Das kenne ich schon!», anstatt Gegebenheiten in unserer Umwelt kleinteilig abzuscannen.*[151] Bewährte Verhaltensschemata verfestigen sich und sie führen dazu, dass wir die Welt nicht mehr anders sehen und in bestimmten Situationen nicht mehr anders reagieren können. **Denk-, Fühl- und Vorstellungsprozesse werden automatisiert und routiniert**. Sie werden zur Gewohnheit.

Die Popularität des Gewohnten und der Routine lässt sich nebst den biologischen Erklärungen aber auch mit dem Bedürfnis nach Anerkennung, im Sinne des Gefallen und Gemocht werdens, sowie dem menschlichen Streben nach Konformismus erklären. Unsere Sozialisation führt dazu, dass wir versuchen, bestmöglich angepasst durchs Leben zu gehen. Wir wollen nicht auffallen und verhalten uns der Norm entsprechend. Damit müssen wir uns nicht exponieren und erklären. Mit der Angleichung der eigenen Haltung an die vorherrschende Meinung können wir Risiken minimieren und vorteilsbezogene Gelegenheiten nutzen. Auch bei Arbeitsteams kennen wir das Phänomen des Gruppendrucks und auf institutioneller Ebene lässt sich eine mehr oder weniger unbewusste strukturelle Annäherung und Angleichung von Organisationen beobachten. Dieses Phänomen wird in den Sozialwissenschaften als Isomorphie, das heißt Gleichgestaltigkeit, bezeichnet. Gewohnheiten, Routinen und die Orientierung am Mainstream helfen, die Komfortzone nicht verlassen zu müssen. Wie aber schaffen wir es trotzdem, den Mut und die Energie aufzubringen, dem Mainstream zu misstrauen, gegen den Strom zu schwimmen, konventionelle verfestigte Muster zu durchbrechen und damit den Lösungsraum zu erweitern? Wie sieht die Wende zur Skepsis, die Alternative zur Mainstream-Logik aus?

Kontraintuitives wagen und das Lösungsrepertoire erweitern

Passende Lösungen für komplexe Probleme basieren oft auf einem außerhalb der Norm liegenden, den individuellen und kollektiven Denkraum sprengenden Ansatz, das heißt auf einer **kontraintuitiven,** dem antrainierten Menschenverstand widersprechenden Idee. Oder wie es Albert Einstein formuliert: *Eine wirklich gute Idee erkennt man daran, dass ihre Verwirklichung von vornherein ausgeschlossen erscheint.* Zum Finden dieser Qualität von Lösung gilt es dem Alltäglichen, Zeitgemäßen, Bewährten, Regulären, der Gewohnheit, Routine und Norm, also dem Mainstream, zu entsagen und lateral zu denken. Zur Lösung komplexer Probleme leistet die Intuition grundsätzlich einen wertvollen Beitrag, das heißt die Fähigkeit unseres Gehirns, aus erlebten Alltagssituationen Muster zu bilden, ohne diese rational zu verstehen.[152] Bei einer sich rasch verändernden Welt erweisen sich aber diese individuellen Heuristiken nicht selten als Lösungsraum begrenzende Denkschablonen und sind wenig zielführend. Aus diesem Grunde ist es wichtig, stärker auf die kollektive Intuition respektive bewusst auf das Kontraintuitive zu vertrauen. Die Mächtigkeit des Kontraintuitiven lässt sich anhand von Beispielen illustrieren:

Während des Zweiten Weltkriegs schickten die Briten phasenweise täglich Bomber über den Ärmelkanal. Meist kehrten die Flugzeuge mit vielen Einschusslöchern zurück. Um die Maschinen zu schützen und zu verstärken, panzerten die Techniker sie an Stellen mit der größten Löcherhäufigkeit. Entgegen den Erwartungen zeigte diese Strategie kaum Wirkung. Der Legende nach formulierte der amerikanisch-österreichische Statistiker, Abraham Wald, einen kontraintuitiven Vorschlag. Er schlug vor, die Maschinen an den Stellen mit den wenigsten Einschusslöchern zu panzern. Seine überraschende Begründung: Maschinen mit sichtbarem Schaden sind mit hoher Wahrscheinlichkeit an harmlosen Stellen getroffen worden, sonst wären sie gar nicht zurückgekehrt. Die verletzlichsten Stellen liegen daher nicht im Sichtbaren.[153] Der kontraintuitive Lösungszugang: **Unversehrte Stellen panzern!**

Der Verkehrsplaner Hans Modermann hat in der 45 000 Einwohner zählenden niederländischen Stadt Drachten genau das Gegenteil von dem getan, was wir im Straßenverkehr immer wieder erleben. Er schaffte Schilder und Ampeln an Hauptverkehrsstraßen ab und ließ aus Bürgersteig und Fahrbahn eine durchgehende Fläche entstehen. Die Effekte waren überraschend: Die Anzahl der Verkehrsunfälle ging auf nahezu null zurück, die Geschwindigkeit, mit der sich Fahrzeuge durch die Hauptstraße bewegten, reduzierte sich und der Zeitbedarf für die Durchquerung der Stadt sank auf die Hälfte.[154] Der Raum wird nicht mehr einseitig für Fahrzeuge optimiert, Fußgänger und Radfahrer werden zu echten Partnern. Die Überregulierung wird durch die soziale Selbstkontrolle ersetzt. Durch den Wegfall der Schilder kann die Urteilskraft der Verkehrsteilnehmer vermehrt einbezogen werden, was zu einer Erhöhung der (Binnen-)Varietät und somit der Resilienz des Verkehrssystems geführt hat. Die Potenzialität der individuellen Urteilsvermögen garantiert offensichtlich eine höhere Störungsabsorptionsfähigkeit als statische Formen der Verkehrsregelung.[155] Aus diesen Experimenten ist der sogenannte Shared-Space-Ansatz entstanden, der es erlaubt, formale Regeln auf ein Minimum zu reduzieren und der sozialen Interaktion zwischen den Menschen zu vertrauen. Der kontraintuitive Lösungszugang: **Unsicherheit schafft Sicherheit!**

Moderne, hoch leistungsfähige Kampfjets, wie zum Beispiel die amerikanische F/A-18, sind in ihrer aerodynamischen Auslegung bewusst instabil entworfen. Das Flugzeug bleibt nur deshalb in der Luft, weil es fähig ist, sich permanent selbst beim drohenden Absturz zu beobachten und entsprechende Korrektureingriffe vorzunehmen. Dazu sind mehrere Lenkungseingriffe pro Sekunde erforderlich, die jeden Piloten überfordern und nur noch von leistungsfähigen Computern übernommen werden können. Diese Form des sich selbst kontrollierenden Chaos führt dazu, dass die Maschine entscheidend an Freiheit und Beweglichkeit gewinnt.[156] Die Umstellung der Funktions- und Steuerungslogik von Stabilität auf Instabilität stellt auch für die Gesellschaft und ihre Institutionen eine zentrale Herausforderung dar. Möglicherweise führen die klassischen Konstruktionsprinzipien zu einer Unbeweglichkeit, die mit zu langen Reaktionszeiten und starren Bewegungsmustern einhergeht. Vielleicht müssen wir uns von der Illusion der Mikrosteuerung über Anweisung und Kontrolle verabschieden und das Vertrauen in die **«Blackbox Selbststeuerungskraft»** von Systemen stärken. Wie der Jet ist auch die moderne Gesellschaft viel zu schnell unterwegs, um Feinjustierungen des Kurses durch einzelne vornehmen zu können. Der kontraintuitive Lösungszugang: **Stabilität durch Instabilität!**

Im Rahmen der Unternehmensführung postuliert die Mainstream-Lehrmeinung «ohne Fachkompetenz keine Führungskompetenz». Wie in meinem Buch «Capriccio»[157] dargelegt, konnten wir mit dem mehrfach durchgeführten Experiment «Führungsrollentausch» interessante kontraintuitive Zufallsentdeckungen provozieren.[158] Bei dem Experiment entscheiden sich die Mitglieder eines Führungsteams, ihren Verantwortungsbereich zum Beispiel während sechs Monaten zu tauschen. Das heißt, die Finanzleiterin übernimmt die Produktion, der Produktionschef das Marketing, der Marketingleiter den Einkauf und der Einkaufsverantwortliche die Finanzen. Der Rollentausch schließt die operative Verantwortung mit ein. Aufgrund der offensichtlich fehlenden Fachkompetenzen sind die rotierenden Führungskräfte nicht mehr in der Lage, durch Wissensvorsprung zu lenken. Sie sind gezwungen, über Fragen, und nicht über Antworten zu führen. Sie müssen ihren Direktunterstellten vertrauen und mittels Sozialkompetenz Mehrwert stiften. Entgegen dem klassischen Rollenverständnis von Führung muss sich die fachfremde Führungskraft primär als Wegbereiterin verstehen. Ihr Mehrwert besteht darin, dass sie sich auf die Qualität der zwischenmenschlichen Interaktionen fokussiert und zur Entwicklung einer ausgeprägten Beziehungs- und Verantwortungskultur beiträgt. Was sich eindrücklich beobachten lässt, ist, dass die fehlende Fachlichkeit das gefährliche Abdriften in das Mikromanagement und die damit verbundene Gefahr der «Entantwortlichung» der Mitarbeitenden verhindert. Die Tatsache, dass sich die jeweils rotierenden Führungskräfte maximal verletzbar machen, führt dazu, dass die Situation von den Direktunterstellten nicht ausgenutzt wird. **Verletzbarkeit provoziert Vertrauen.** Vertrauen bedeutet, dass wir uns in andere Hände begeben. Oder wie es Esther Perel, eine amerikanische Paartherapeutin sagt: *Die bewusste Entscheidung, zu vertrauen, heißt, nicht zu wissen, bevor man handelt. Es heißt, zu handeln, bevor man weiß.* Als Fachspezialisten fühlen sich die Direktunterstellten ermächtigt, sie übernehmen zusätzliche Aufgaben und zeigen ein hohes Engagement. Nach den sechs Monaten und der Rückkehr der Rotierenden auf ihre angestammten Positionen zeigte sich, dass die durch das Experiment entstandenen neuen Erfahrungswelten nicht mehr ausblendbar waren. Die Direktunterstellten forderten von ihren angestammten Vorgesetzten mehr Gestaltungsspielraum und die Führungskräfte selbst waren bemüht, auf Mikromanagement zu verzichten. Der Rollentausch führte nicht zum befürchteten Chaos, sondern zur wertvollen Entdeckung, dass fachliche Inkompetenz auch mehrwertstiftend sein kann. Sie zwingt die Führungskraft, sich auf die Arbeit am System, also das Gestalten des Kontexts, zu fokussieren und damit eine Kultur der Potenzialentfaltung zu kultivieren.[159] Der kontraintuitive Lösungszugang: **Kompetenz durch Inkompetenz!**

Jahrelang versuchte die Polizei im Polizeirevier in Richmond Kanada, die Rückfallquote von Kriminellen durch Pauschalmaßnahmen wie strengere Gesetze und Strafen zu senken. Dies leider ohne Erfolg. Schließlich entschied man sich, neue Formen der Verbrechensvorbeugung auszuprobieren. Jedes Mal, wenn die Polizei beobachtete, wie junge Menschen etwas Gutes taten, zum Beispiel ihren Müll in Mülltonnen anstatt auf die Straße warfen, gaben sie ihnen eine kleine Belohnung. So verteilten sie zum Beispiel Freikarten für Filme und Jugendveranstaltungen. Dank dieser Interventionen konnte innerhalb eines Jahrzehnts die Rückfallquote in Richmond von 60 auf 8 Prozent gesenkt werden.[160] Auch wenn mit einem Abnützungseffekt zu rechnen ist, ist der kontraintuitive Lösungszugang interessant: **Belohnend sanktionieren!**

Intelligente Regelverstöße

Kontraintuitiv zu denken, es zuzulassen und auszuprobieren, erweitert das Lösungsspektrum. Das Kontraintuitive schafft Originale und erlaubt, den Herausforderungen nicht mit altgedienten Kopien zu begegnen. Es kreiert neuartige Erkenntnisse und diese enthalten das Potenzial für unkonventionelle Lösungen. Basis des Kontraintuitiven bildet eine nonkonforme, individuelle Grundhaltung. Dazu erforderlich sind Mut und die Bereitschaft, von den gesellschaftlich anerkannten Ansichten abweichende Überzeugungen, Einstellungen oder Positionen in die Lösungsfindung miteinzubeziehen. Nonkonformisten kratzen am Status quo, der Norm. Sie hinterfragen unreflektierte Ordnungsmuster und wirken störend. Sie stellen sich gegen die herrschenden Moden des Zeitgemäßen und lassen nicht locker. Sie ringen um gute Lösungen, denken divergent, unsystematisch und fiktiv. Sie verhalten sich experimentierfreudig und verzichten nicht um der Harmonie willen auf Dissens. In der vom MIT initialisierten Marshmallow Challenge wurden jeweils vier Personen gebeten, einen möglichst hohen Turm aus Spaghetti, Marshmallows und Klebeband zu bauen. Beobachtet wurden unterschiedlich zusammengesetzte Teams. Eine Gruppe erwies sich als hoch überlegen: Kindergartenkinder. Während die anderen die Überlegenheit Einzelner blindlings anerkannten oder sich bemühten, zu planen und ihre Position im Team zu klären, gingen die Kinder sofort zur Sache. Status war ihnen egal und die Rückmeldungen erfolgten direkt.[161]

Bedeutende Nonkonformisten setzen auch die bewusste Aufschiebung als Strategie ein. Durch das Verlangsamen lassen sich stetig neue Möglichkeiten ausprobieren und diese nach und nach in die Lösungsfindung integrieren.[162] Das Nonkonforme beinhaltet aber auch das Spiel mit Konventionen und Regeln, ihre Variation, Überdehnung, Verspottung oder Verletzung. Punktuell also auch ein bewusstes Verhalten oder Handeln, das gegen die formalen gesellschaftlichen Erwartungen verstößt. Nicht aber im Sinne des juristischen Fehlverhaltens und von Rechtsverstößen. Niklas Luhmann hat in diesem Zusammenhang den treffenden Begriff der **«brauchbaren Illegalität»** geprägt.[163] Die Duldung von Abweichungen und Regelbrüchen sind für das Entstehen von Neuem und zur Erweiterung des Lösungsrepertoires oft entscheidend.[164]

Haltung leben – es beginnt bei mir!

Die beschriebene Haltungsdisposition **«Mainstream misstrauen und Kontraintuitives erproben»** erfordert eine geistige Emanzipation, eine gelebte Bescheidenheit sowie eine neuartige Routine.

Die **geistige Emanzipation** äußert sich wie folgt:

- Ich befreie mich von der naiven Vorstellung, dass es für jedes Probleme die ideale Lösung gibt, die ich kennen muss.
- Ich bin bereit, mich von den dominanten Sicht- und Handlungsmustern der Mehrheit zu entpflichten und die gedankliche Gefangenheit zu durchbrechen.
- Ich entlarve das Selbstverständliche als Denkfalle und erkenne, dass Erfahrung auch als Fantasiekiller wirkt und dass die Mainstream Practices von heute schon morgen in die Sackgasse führen.
- Ich habe den Mut, Kontraintuitives, dem antrainierten Menschenverstand Widersprechendes zu wagen, auszuprobieren und das Lösungsrepertoire zu erweitern.

Aus der Akzeptanz dieser Annahmen resultiert eine spezielle Form der Demut.

Diese **gelebte Bescheidenheit** lässt sich idealtypisch wie folgt beschreiben:

- Ich akzeptiere, dass es für jedes Problem viel mehr Lösungen gibt, als ich mir vorstellen kann, und dass mir deshalb nur ein Teil des Lösungsraums zugänglich ist.
- Ich bin mir der steten Gefahr bewusst, den Strömungen einer großen Mehrheit zu unterliegen, und erkenne die daraus resultierenden Blockaden für die eigene Vorstellungskraft.
- Ich folge meinem inneren Wertekompass und widerstehe der Versuchung, durch konformes Verhalten gefallen zu wollen und gemocht zu werden.
- Ich schwimme nicht aus effekthascherischen Motiven gegen den Strom, sondern weil ich überzeugt bin, dadurch wertvolle Impulse für die Lösungsfindung zu erhalten.

Diese Qualität an Bescheidenheit erlaubt es, den Mainstream zu verlassen und eine neuartige Routine zu verfestigen.

Die **einzuübende Routine** lautet:
Komfortzone verlassen und Undenkbares denken
Dem Selbstverständlichen und Gewohnten, den Routinen und Standards zu entsagen, bildet die Basis, um Undenkbares denken zu können. Dazu ist die persönliche Emanzipation von dem vordergründig Plausiblen und oft auch von der dominanten Mehrheitsmeinung erforderlich. Denn gute Ideen, die den Lösungsraum erweitern, sind zu Beginn **nicht mehrheitsfähig** und, diese zu vertreten, erfordert Mut und die Bereitschaft, die eigene Komfortzone und Denkbequemlichkeit zu verlassen. Oder wie es der Wirtschaftswissenschaftler Yanis Varoufakis formuliert: *Wir beginnen als Häretiker, bevor wir Orthodoxe werden.*

Wie aber kann der Ausbruch aus der Bequemlichkeit und den Routinen gelingen? Was wir benötigen, sind Beispiele, die zeigen, wie es anders sein kann, und die uns Zuversicht zur Selbstermächtigung geben. Als inspirative Ansätze sind Initiativen in der folgenden Richtung denkbar.

Mutmachende Denkangebote

Appelle sind wenig zielführend, erforderlich sind konkrete – idealerweise emotional berührende – Erfahrungen, die die Mächtigkeit eines von der Mehrheitsmeinung abweichenden Lösungszugangs erlebbar machen. Aufzubauen gilt es ein Vertrauen in das Unvertraute.

Perspektivenvielfalt Raum geben

Je nach Gedankengebäude, in dem wir uns befinden, verändert sich unsere Sicht auf die Welt. Metaphorisch beschreibt der Philosoph Ludger Pfeil das Potenzial unterschiedlicher Blickwinkel wie folgt: *Vom Turm der Optimisten sieht die Welt herrlich und harmonisch aus, während man vom Pessimisten-Gebäude aus auf ein Jammertal blickt. Wer sich bei den Überzeugungsdenkern heimisch fühlt, für den scheint die Welt vollständig logisch erschließbar. Die Hinterfrager sind sich dagegen nie ganz sicher, was wirklich hinter den Oberflächenerscheinungen steckt. Im Haus der Bedürfnisorientierten lebt es sich schlicht, aber bequem, bei den Genießern hingegen ist kein Luxus je zu viel. Bei den Pflichtbewussten gelten soziale Regeln, die Eigensinnigen bauen ständig um, und im Gemeinschaftshaus hält man zusammen.*[165] Perspektivenvielfalt Raum zu geben, bedeutet einerseits als Individuum die **Fixierung auf ein Denkgebäude** aufzugeben, sich zu zwingen verschiedene Sichtweisen einzunehmen, vor allem solche, die sich für uns seltsam und ungewohnt anfühlen. Es bedeutet andererseits aber auch, bewusst möglichst viele an der Lösungsfindung teilhaben zu lassen. Durch die Diversität der an einer Problemlösung Beteiligten lassen sich vielfältiges Disziplinenwissen, mannigfache Erfahrungskompetenzen und kollektiv intuitive Heuristiken nutzen. Das Resultat sind ungewohnte Blickrichtungen und Blickwinkel, die den Mainstream herausfordern und Mehrheitsmeinungen relativieren. Nach Wolf Lotter, Mitbegründer und ständiger Autor des Wirtschaftsmagazins brand eins, stellt der Perspektivenwechsel eine Leistung dar, die nüchterne Realos braucht, niemanden, der nicht aus seiner eigenen Haut kann, weil er einfach zu bequem dafür ist oder zu selbstgerecht. Und Lotter fordert: *Wer die Perspektive nicht wechseln will, soll Platz machen, aus dem Bild gehen. Dann wird es heller.*[166]

Selbstverständliches als Denkfalle entlarven

Wir alle sind Geiseln des unreflektierten Selbstverständlichen. Diese intellektuellen Monopole, in Form von Routinen, Regeln, Riten, Dogmen, Traditionen oder Tabus blockieren das freie Denken. Oder in den Worten des Führungsexperten Reinhard K. Sprenger: *Die Macht der Gewohnheit ist der härteste Klebstoff der Welt.*[167] Wir überschätzen also in der Regel den Wert der Erfahrung und des Selbstverständlichen und unterschätzen den Wert der Unkenntnis und des Neuen. Die große Gefahr besteht deshalb darin, den heute ungelösten Problemen mit der Logik von gestern zu begegnen. Wir haben aber jederzeit die Wahl, das Selbstverständliche in Frage zu stellen und uns von Allgemeinplätzen nicht einlullen zu lassen. Nur die gesunde **Skepsis gegenüber Denkmonopolen** kann helfen, den Mainstream zu verlassen. Wichtig ist deshalb, dass es uns stets gelingt, das Selbstverständliche des Selbstverständlichen zu dekonstruieren und das Dysfunktionale dieser Denkstandards offenzulegen. So kann es lohnend sein, immer wieder den vermeintlich gültigen alltäglichen Wissensschatz zu hinterfragen und die daraus resultierenden Limitierungen zu erkennen. Nur so sind wir in der Lage, Routinen zu verlernen, überraschende Einsichten zu gewinnen, das Lösungsrepertoire auszuweiten und schließlich bessere Problemlösungen zu finden.

Utopische Spielereien zulassen

Rationale Prozesse alleine bewirken wenig Emergenz im Sinne spontan entstehender neuer Eigenschaften. Zur Ausweitung des Möglichkeitssinns benötigen wir das Träumerische, Intuitive, Spielerische, die Spinnerei und das konstruktive Nonkonforme. Wolf Lotter fordert einen Kulturwandel: *Weg von den Routinen der Erneuerung, hin zu einem barrierefreien Denken.*[168] Wir benötigen Orte, in denen temporär Regeln außer Kraft gesetzt werden und die nach eigenen Konventionen funktionieren. Diese können auch, im Sinne einer brauchbaren Illegalität, temporär außerhalb des Ordnungsrahmens liegen. Dazu eignen sich **gesellschaftliche Labors,** die Freiräume schaffen, in denen Überraschendes passieren darf und kann, und in denen Fiktionen reale Wirklichkeit werden. In diesen Labors finden Experimente nach dem Prinzip «safe enough to try» mit verschiedenen Sichthypothesen statt, die Zufallsentdeckungen provozieren. Anregend für diese Experimente ist die Frage nach der «mission impossible» oder dem «Fauxpas». Zur Unterstützung des Ausbruchs aus dem Mainstream eignen sich auch sogenannte «Reverse-Projekte». Diese konzentrieren sich darauf, die Abschaffung einer Initiative oder eines Prozesses zu testen. In einem umgekehrten Projekt wird geprüft, welche Wirkungen die Elimination auf das Ergebnis hat. Ziel dabei ist es, nicht das Ergebnis zu verbessern, sondern die Komplexität zu reduzieren.

Selbstbeobachtung

Für die Arbeit an dem Haltungsmuster **«Mainstream misstrauen und Kontraintuitives erproben»** erweist sich die Selbstbeobachtung des eigenen Verhaltens als hilfreich. Ich empfehle, Alltagssituationen zu reflektieren und das Ergebnis in einem **Logbuch** zu dokumentieren. Als hilfreiche Eintragungen erweisen sich Beschreibungen des Erlebten zu den nachfolgenden hypothetischen Situationen:

Als ich wieder einmal erlebt habe, wie **unendlich groß das Lösungsspektrum** *sein kann …*

Als ich spürte, wie stark ich mich an der Mehrheitsmeinung orientiere, wie ausgeprägt ich **gefallen und gemocht werden will** *…*

Als ich dem Selbstverständlichen mit Skepsis begegnet bin und **Kontraintuitives** *gewagt habe …*

Als ich in der Lage war, durch das **Schwimmen gegen den Strom,** *Energie zu gewinnen, eigenständig zu denken und das Lösungsrepertoire zu erweitern …*

Die nachfolgende Selbstbefragung kann helfen, die eigene Anschlussfähigkeit der postulierten Haltungsmerkmale zu prüfen.

Reflexionsfragen zur Introspektion

- *Wie ausgeprägt ist mein Sinn für das Mögliche und Unmögliche, welche Relevanz hat für mich das intuitive Spielerische und konstruktive Nonkonforme?*
- *Wie oft unterliege ich der Versuchung, zu gefallen und gemocht werden zu wollen?*
- *Wie weit bin ich mir der Kraft des Kontraintuitiven für das Finden passender Lösungen bewusst?*
- *Bewege ich mich in Räumen, in denen Überraschendes passieren kann, echte Experimente gewagt werden und Zufallsentdeckungen geschehen?*
- *Wie gut kann ich mich auf die Routine* **«Komfortzone verlassen»** *einlassen und mich dem Kohortendruck entziehen?*

Bedenkenträger, Bremser, Denkbürokraten und Komfortzonendenker bewegen nichts und sie finden keine passenden Lösungen für die drängenden Probleme. Auch die langfristigen Probleme werden durch den Mainstream nicht adressiert. Was wir benötigen, sind eigensinnige, aber dialogfähige Menschen, die weltbewegende Ideen denken, für die das Unmögliche inexistent ist und die sich nicht mit der Welt zufriedengeben, wie sie ist. Sie verlassen den Mainstream, misstrauen den Blaupausen und wagen das Kontraintuitive, um Neues zu sehen und zuzulassen. Oder in den Worten des bekannten Schweizer Politikers Helmut Hubacher: *Die Energie, die wir brauchen, bekommen wir vom Strom, gegen den wir schwimmen.*

Bescheidenheit wagen: Barrierefrei denken statt Best Practices nachahmen!

Zwischenfazit

Mainstream misstrauen und Kontraintuitives erproben

Geistige Emanzipation

- Ich befreie mich von der naiven Vorstellung, dass es für jedes Probleme die ideale Lösung gibt, die ich kennen muss.
- Ich bin bereit, mich von den dominanten Sicht- und Handlungsmustern der Mehrheit zu entpflichten und die gedankliche Gefangenheit zu durchbrechen.
- Ich entlarve das Selbstverständliche als Denkfalle und erkenne, dass Erfahrung auch als Fantasiekiller wirkt und dass die Mainstream Practices von heute schon morgen in die Sackgasse führen.
- Ich habe den Mut, Kontraintuitives, dem antrainierten Menschenverstand Widersprechendes zu wagen, auszuprobieren und das Lösungsrepertoire zu erweitern.

Gelebte Bescheidenheit

- Ich akzeptiere, dass es für jedes Problem viel mehr Lösungen gibt, als ich mir vorstellen kann, und dass mir deshalb nur ein Teil des Lösungsraums zugänglich ist.
- Ich bin mir der steten Gefahr bewusst, den Strömungen einer großen Mehrheit zu unterliegen, und erkenne die daraus resultierenden Blockaden für die eigene Vorstellungskraft.
- Ich folge meinem inneren Wertekompass und widerstehe der Versuchung, durch konformes Verhalten gefallen zu wollen und gemocht zu werden.
- Ich schwimme nicht aus effekthascherischen Motiven gegen den Strom, sondern weil ich überzeugt bin, dadurch wertvolle Impulse für die Lösungsfindung zu erhalten.

Einzuübende Routine
Komfortzone verlassen – Undenkares denken!

«Nur der, der sich die Gegenwart **anders** vorstellen kann denn die existierende, verfügt über **Zukunft.»** *Theodor W. Adorno*

Besheidenheit wagen – das MANIFEST

INTELLEKTUELLE BESCHEIDENHEIT – ein persönliches Wagnis, das Mut erfordert

Intention der bisherigen Ausführungen war es, die Bedeutung der **INTELLEKTUELLEN BESCHEIDENHEIT** als notwendige Bedingung für das Finden besserer Lösungen aufzuzeigen und das Bewusstsein dafür zu schärfen. Erläutert wurden zentrale Haltungsdispositionen, die im Sinne von Hygienefaktoren entscheiden, ob es gelingen kann, die postulierte Problemlösungs-Heuristik zu leben. Das heißt, die kollektive Wissens-, Erfahrungs- und Intuitionsvielfalt als Mehrwert zu nutzen und diese, in einem gemeinsamen Dialog, zu einer höheren Qualität der Problemlösung zu verdichten. Erkannt wurden **fünf innere Haltungsprinzipien,** die die intellektuelle Bescheidenheit konturieren und die es zu entwickeln gilt:

- **Realität als Eigenkonstrukt begreifen und Pluralität wertschätzen**
  Let's agree to disagree – das Abweichende als Bereicherung nutzen

- **Nicht Recht haben müssen und gemeinsam klüger werden**
  Dialog statt Monolog – miteinander (weiter-)denken

- **Unwissen eingestehen und produktiv zweifeln**
  Unbekanntes Unbekanntes bejahen – trügerisches Wissen entlarven

- **Sich experimentell annähern und handelnd ins Verstehen kommen**
  Fragezeichen tiefer setzen – sich emporirren

- **Mainstream misstrauen und Kontraintuitives erproben**
  Komfortzone verlassen – Undenkbares denken

Die postulierte und spezifizierte Form der Bescheidenheit lässt sich wie folgt umschreiben:

Bei der **INTELLEKTUELLEN BESCHEIDENHEIT** handelt es sich um eine auszubildende **innere Souveränität,** die es einem erlaubt, sich vom Habitus der Ich-Zentrierung, der rechthaberischen Deutungshoheit, der naiven Omnikompetenz und des trügerischen Wissens zu emanzipieren.

Diese gelebte innere Souveränität führt zu einem Zustand der Gelassenheit, die hilft, passende Lösungen für komplexe Probleme zu finden. Unter Druck und ohne Gelassenheit – so die Erkenntnisse der Neurobiologie – können wir unser Gehirn nicht sinnvoll nutzen und wir fallen zurück in alte Gewohnheiten und Übererregungen.[169] Die Gelassenheit erlaubt es aber auch, eine neue Vorstellung von sich selbst zu entwickeln und anderen zu vertrauen. Oder wie es der amerikanische Organisationspsychologe Edgar H. Schein ausdrückt: *When in doubt, share the problem.*

Als Übersicht fasst die nachfolgende Abbildung die erläuterten Kernbotschaften zu den fünf Bausteinen der **INTELLEKTUELLEN BESCHEIDENHEIT** zusammen.

Die Bausteine im Überblick

Haltung entscheidet – Bescheidenheit leben!

Realität als Eigenkonstrukt begreifen und Pluralität wertschätzen

Geistige Emanzipation

- Ich befreie mich von der Vorstellung, dass ich durch meine Sinnesorgane ein objektives Abbild der Welt erhalte, und ich bin mir bewusst, dass niemand mit Sicherheit wissen kann, wie die Wirklichkeit wirklich beschaffen ist.
- Ich akzeptiere, dass ich selbst durch meine Interpretation Realität konstruiere und dass die Subjekt-Objekt-Trennung eine Fiktion ist.
- Ich entpflichte mich vom Ideal einer absoluten Wahrheit, die ich finden muss und kann und ich akzeptiere, dass niemand die universelle Richtigkeit kennt.
- Ich anerkenne, dass es nur vorläufige Wahrheiten geben kann, und ich verstehe Wissen als eine provisorische Vermutung. Sie hat nur so lange Bestand, bis sie durch neue Argumente widerlegt ist.

Gelebte Bescheidenheit

- Ich akzeptiere, dass wir alle in der eigenen Welt leben und Realität ein Eigenkonstrukt ist.
- Ich bin mir bewusst, dass uns lediglich Bruchstücke der Umwelt zugänglich sind und wir vielfältigen Wahrnehmungsverzerrungen unterliegen.
- Ich bin bereit, die Pluralität der Anschauungen zu billigen und die abweichenden Wirklichkeitskonstrukte nicht als Bedrohung, sondern als Bereicherung zu verstehen, sie wertzuschätzen und als gleichberechtigt anzuerkennen.
- Ich bin fähig, die eigene Weltsicht nicht als Referenz zu verstehen und ohne Anspruch auf Allgemeingültigkeit, meine Sicht der Realität als eine unter vielen zu verstehen und diese auch anderen zur Verfügung zu stellen.

Nicht Recht haben müssen und gemeinsam klüger werden

Geistige Emanzipation

- Ich befreie mich von der zweiwertigen aristotelischen Vernunft, die uns lehrt, dass im Falle zweier einander widersprechender Aussagen mindestens eine falsch sein muss.
- Ich verzichte auf das Abgrenzende und Polarisierende als Mittel für den Kompetenznachweis und zur Markierung eigener Deutungshoheit.
- Ich begreife den Mehrwert des integrativ kollaborativen und dialogischen Denkens für das Finden neuartiger Lösungen und für die Nutzung der kollektiven Intelligenz.
- Ich akzeptiere, dass passende Lösungen für komplexe Probleme Wissens-, Erfahrungs- und Intuitionsvielfalt bedingen, die es in einem dialogischen Diskurs zu nutzen gilt.

Gelebte Bescheidenheit

- Ich erkenne die Begrenztheit meiner kognitiven Fähigkeiten und ich bin mir der permanenten Unvollkommenheit des eigenen Standpunktes bewusst.
- Ich begegne Dritten mit wertschätzender Empathie, Achtsamkeit und auf Augenhöhe und bemühe mich um ein faires Miteinander.
- Ich kommuniziere in der Haltung eines Lernenden und bin nicht bloß tolerant, sondern differenzzugewandt.
- Ich bemühe mich, die Prinzipien für gelingende Dialoge zu verinnerlichen, sie zu leben und die Potenziale des gemeinsamen (Weiter-)Denkens aktiv zu nutzen.

Unwissen eingestehen und produktiv zweifeln

Geistige Emanzipation

- Ich befreie mich von der Kompetenznostalgie, zu verstehen und zu wissen, und bin in der Lage, das eigene Überzeugtsein nicht mit Wissen zu verwechseln.
- Ich akzeptierte Unwissen und das unbekannte Unbekannte als Realität und bin fähig, trügerisches Wissen zu entlarven.
- Ich erkenne die Bedeutung und den Mehrwert des Nichtwissens für das Finden passender Lösungen.
- Ich anerkenne die Vorläufigkeit auch des wissenschaftlichen Wissens im Sinne einer provisorischen Erkenntnis.

Gelebte Bescheidenheit

- Ich bin mir der Kenntnis der eigenen Unkenntnis bewusst und erkenne das große Delta zwischen dem, was ich glaube zu wissen, und dem, was ich wirklich weiß.
- Ich begreife, dass die Mehrzahl der gesellschaftlich wirklich relevanten Fragen prinzipiell unbeantwortbar und Zweifel wichtiger als mutmaßliche Fakten sind.
- Ich akzeptiere das Nichtwissen über die umfassenden systemischen Zusammenhänge in dieser Welt.
- Ich gestehe Unwissen ein, sehe das eigene Leben als Universität, zeige mich verletzbar und bin ehrlich zu mir selbst.

Sich experimentell annähern und handelnd ins Verstehen kommen

Geistige Emanzipation

- Ich anerkenne den Mehrwert des Begreifens der jeweiligen Systemlogik als Basis für das Finden passender Lösungen und gewichte das Verstehen höher als die Lösungsfindung.
- Ich befreie mich von trivialisierenden Interpretationen und erkenne, dass alles mit allem gekoppelt ist und deshalb die Mehrzahl der Probleme nicht nur durch lineares Kausalitätsdenken erklärbar ist.
- Ich widerstehe dem Reflex, unter Rückgriff auf die eigene Erfahrungswelt sofort Lösungen postulieren und vertreten zu müssen.
- Ich lege die Hyperrationalität ab, verzichte auf ein analytisches Erkennen linearer Ursachen-Wirkungs-Ketten und vertraue auf die experimentelle Annäherung und das Verstehen durch Handeln.

Gelebte Bescheidenheit

- Ich akzeptiere die Kontingenz, Mehrdeutigkeit und die rückgekoppelte Eigendynamik von Systemen und erkenne, dass ich die vernetzte(n) Funktionslogik(en) nicht wirklich verstehe.
- Ich bin mir bewusst, dass persönliche Erfahrung auch als Fantasiekiller wirkt, den eigenen Denkraum limitiert und sich deshalb selten als Referenz für nachhaltige Problemlösungen eignet.
- Ich verhalte mich spielerisch neugierig, gebe dem Zufall eine Chance und vertraue darauf, dass die Anzahl denkbarer Lösungen unendlich groß ist.
- Ich erkenne, dass explorative Experimente den alternativlosen Zugang für das Verstehen der zentralen und oft verborgenen Systemlogiken darstellen.

Mainstream misstrauen und Kontraintuitives erproben

Geistige Emanzipation

- Ich befreie mich von der naiven Vorstellung, dass es für jedes Probleme die ideale Lösung gibt, die ich kennen muss.
- Ich bin bereit, mich von den dominanten Sicht- und Handlungsmustern der Mehrheit zu entpflichten und die gedankliche Gefangenheit zu durchbrechen.
- Ich entlarve das Selbstverständliche als Denkfalle und erkenne, dass Erfahrung auch als Fantasiekiller wirkt und dass die Mainstream Practices von heute schon morgen in die Sackgasse führen.
- Ich habe den Mut, Kontraintuitives, dem antrainierten Menschenverstand Widersprechendes zu wagen, auszuprobieren und das Lösungsrepertoire zu erweitern.

Gelebte Bescheidenheit

- Ich akzeptiere, dass es für jedes Problem viel mehr Lösungen gibt, als ich mir vorstellen kann, und dass mir deshalb nur ein Teil des Lösungsraums zugänglich ist.
- Ich bin mir der steten Gefahr bewusst, den Strömungen einer großen Mehrheit zu unterliegen, und erkenne die daraus resultierenden Blockaden für die eigene Vorstellungskraft.
- Ich folge meinem inneren Wertekompass und widerstehe der Versuchung, durch konformes Verhalten gefallen zu wollen und gemocht zu werden.
- Ich schwimme nicht aus effekthascherischen Motiven gegen den Strom, sondern weil ich überzeugt bin, dadurch wertvolle Impulse für die Lösungsfindung zu erhalten.

Handeln gegen die eigene Bequemlichkeit

Auf der kognitiv-intellektuellen Ebene erscheinen die postulierten Haltungsprinzipien einleuchtend und nachvollziehbar. Das Leben dieser im Alltag erfordert jedoch sehr viel Mut und die Herausforderung lautet: **Bescheidenheit wagen!** Dazu ist ein Vertrauen in das Unvertraute und somit ein Verrücktsein mit Verstand notwendig, das heißt, ein Vertrauen in die Pluralität der Anschauungen und abweichenden Wirklichkeitskonstrukte, in den Mehrwert des ko-kreativen, dialogischen (Weiter-)Denkens, in das Unwissen und in das produktive Zweifeln sowie in das experimentelle Sich-Emporirren.

Wir lernen nicht durch Argumente, sondern durch Erfahrung. Die befreiende Wirkung der beschriebenen Haltungsprinzipien muss deshalb emotional erfahrbar werden. Dies bedingt eine bewusste Arbeit an der eigenen Bescheidenheit. Um dem Unvertrauten vertrauen zu können, benötigen wir eine Art **psychologische Sicherheit.** Denn wir wagen das, wozu unser Herz «Ja» sagen kann. Etwas zu verlassen, an das wir fest glauben, kann unsere Identität bedrohen und uns das Gefühl geben, einen Teil unseres Selbst zu verlieren. Es droht der Rubber-Band-Effekt: Das heißt, wie ein Gummiband zieht es uns grundsätzlich immer wieder zum Gewohnten zurück. Bescheidenheit zu leben, bedingt ein Handeln gegen die Bequemlichkeit und das Verlassen der Komfortzone sowie das sich Einlassen auf Unvertrautes. Sicherheit aber kann man nur durch Handeln finden. Dazu eignen sich die beschriebenen, vordergründig einfachen, aber wirkmächtigen, im Alltag **zu praktizierenden Tugenden:** Deutungsvielfalt zulassen, sich auf das Verstehen und nicht auf das Überzeugen konzentrieren, den Sendemodus verlassen, wirklich zuhören und gemeinsam denken, Nichtwissen eingestehen, dem Selbstverständlichen misstrauen, Zusammenhänge und Logiken verstehen, sich vom Gefallen und Gemochtwerden emanzipieren, Kontraintuitives wagen und immer wieder die Frage stellen: *Muss das so sein?*

Einen alternativen Traum zu leben, benötigt nicht eine Mehrheit. Diese Aussage von Harald Welzer stimmt zuversichtlich und bestärkt mich in der Postulierung des nachfolgenden **MANIFESTS DER INTELLEKTUELLEN**

BESCHEIDENHEIT. Das bewusst gewählte Stilmittel des Manifests zwingt zu akzentuierten Formulierungen. Aufgrund der bisherigen Ausführungen hoffe ich aber, dass die Aussagen nicht pauschal und undifferenziert erscheinen.

Präambel zum Manifest

Wir, die Problemlöser und Problemlöserinnen, sind das Problem. Nur mit einer radikal anderen inneren Haltung werden wir in der Lage sein, Vielfalt zu nutzen und im Dialog passende Lösungen für die vielfältigen und komplexen Probleme dieser Welt zu finden. Dazu benötigen wir eine besondere Qualität der **INTELLEKTUELLEN BESCHEIDENHEIT.**

Das Manifest auf Seite 142
finden Sie zum Download als PDF unter
http://www.versus.ch/downloadD/2000/422/D

Das Manifest

Bescheidenheit wagen und Probleme besser lösen!

1. Pluralität der Anschauungen billigen

statt Deutungshoheit verteidigen

Die eigene Weltsicht nicht als Referenz sehen, Blindheit gegenüber der eigenen Blindheit ernst nehmen und akzeptieren, dass wir alle in unserer Welt Recht haben.

---

2. Gemeinsam klüger werden

statt die Welt erklären

Den Sendemodus verlassen, Mitmenschen auf Augenhöhe begegnen, das Andere, Abweichende als bereichernd wertschätzen und im Dialog miteinander weiterdenken.

---

3. Nichtwissen aushalten

statt mittels Kompetenz blenden

Überzeugtsein nicht mit Wissen verwechseln, Nichtwissen eingestehen, sich von der Kompetenzillusion befreien und ehrlich zu sich selbst und anderen sein.

---

4. Sich emporirren

statt alles im Voraus wissen wollen

Das lineare Kausalitätsdenken überwinden, Systemlogik entschlüsseln und auf die experimentelle Annäherung und das Verstehen durch Handeln vertrauen.

---

5. Barrierefrei denken

statt Best Practices nachahmen

Selbstverständliches als Denkfalle entlarven, sich von dem Gefallen und Gemochtwerden emanzipieren und zur Ausweitung des Lösungsrepertoires Kontraintuitives erproben.

Selbstverständlich garantiert die **INTELLEKTUELLE BESCHEIDENHEIT** nicht *die* Lösung für jedes komplexe Problem. Jedoch erhöht sie die Wahrscheinlichkeit, dass die postulierte Problemlösungs-Heuristik **«Vielfalt × Dialog = höhere Qualität der Lösung»** lebbar wird und sich dadurch bessere Ergebnisse finden lassen. Sie ermöglicht es, dass wir die kollektive Intuition und Intelligenz nutzen können, und sie fokussiert auf den Mehrwert des Menschen gegenüber der künstlichen Intelligenz. Algorithmen funktionieren in definierten stabilen Kontexten, die große Datenmengen zulassen, nicht aber in Situationen mit hoher Ungewissheit.[170] Bei Problemen mit hoher Unsicherheit ist der Mensch den Algorithmen überlegen. Wir Menschen verfügen über eine eigene Vorstellungskraft und können real authentisch und dialogisch ko-kreativ handeln.

INTELLEKTUELLE BESCHEIDENHEIT – faszinierende Realitäten werden denkbar

Die Stärke und Wirkkraft einer im Alltag gelebten **INTELLEKTUELLEN BESCHEIDENHEIT** lassen sich exemplarisch an den erschließbaren «neuen Realitäten» – die heute noch utopisch erscheinen – erahnen. Stellen wir uns einmal vor, in der Politik fielen die stark populistisch orientierten und rechthaberischen Monologe weg; in den geführten Debatten würde einander zugehört und es bestünde ein ehrliches Interesse, die Ansichten und Ideen des Gegenübers zu verstehen; politische Mandatsträger geständen Nichtwissen und das eigene Überfordertsein ein; die klassischen, auf Interessenvertretung basierenden Parteien lösten sich auf; der Wettbewerb um Deutungshoheit und die Parteiprofilierung wichen einer integrativen Haltung des gemeinsam Klügerwerdens; fixe Parteiprogramme würden durch Politik-Labs ersetzt;[171] vor Entscheiden zu gesellschaftsrelevanten Sachfragen würden politische Experimente initialisiert, um die tieferliegenden Zusammenhänge besser zu verstehen; Gesetze würden auf Zeit erlassen und stets adaptiert; die politische Elite kämpfte nicht mehr opportunistisch um ihre Wählerbasis und wagte Kontraintuitives. **Undenkbar, aber stellen wir es uns einfach vor.** Welches Potenzial bärge diese neue Realität? Wie groß wäre der Einfluss auf die Qualität der gefundenen Problemlösungen?

Oder was könnten beobachtbare Effekte einer gelebten **INTELLEKTUELLEN BESCHEIDENHEIT** in Organisationen sein? Atypische, nicht der Norm entsprechende Lebensbiografien würden rekrutiert und damit Vielfalt und Diversität verstärkt kultiviert; eine dialogische Diskurskultur ersetzte den macht- und statusorientierten Austausch; Personenzentrierung, Hierarchie und die Monologe der omnikompetenten Silberrücken verlören an Bedeutung, und das Narrativ der Führung veränderte sich radikal; die Führungsaufgaben würden als eine verteilte und kollektive Leistung verstanden;[172] die dezentrale Intelligenz würde genutzt, und durch das vernetzte und gemeinsame Denken fänden sich bessere Lösungen. Organisationen verstünden sich als Labors, in denen experimentiert und Kontraintuitives ausprobiert würde. **Undenkbar, aber stellen wir es uns einfach vor.**

Unabhängig davon, ob in der Schule, an der Universität, in der Politik, in Organisationen oder in der Partnerschaft, führt die gelebte **INTELLEKTUELLE BESCHEIDENHEIT** als gelebte Sozialkompetenz:

- zu weniger Personenzentrierung und mehr kollektiver Intelligenz,
- zu weniger Abgrenzung und mehr Integration,
- zu weniger Monologen und mehr Dialogen,
- zu weniger Selbstüberschätzung und mehr Demut gegenüber der eigenen Kompetenz,
- zu weniger Scheinsicherheit und mehr Ehrlichkeit im Eingestehen des Unwissens,
- zu weniger vernunftbasierter Planung und mehr Experimenten.

Dies sind alles Eigenschaften, die zukünftig für das Finden passender Lösungen von entscheidender Bedeutung sind. Für viele mögen diese Szenarien utopisch und naiv anmuten. Verfahrene Konfliktsituationen lassen sich doch nicht alleine dadurch lösen, dass man sich empathisch zeigt und den Gedankengang des Gegenübers zu verstehen versucht. In Notsituationen kann man sich nicht experimentell annähern. Oder die Intelligenz im Kollektiv zu nutzen und Dialoge zu führen, ist sehr zeitintensiv. Vorbehalte dieser Art halten sich hartnäckig und es stellt sich deshalb ganz grundsätzlich die Frage: Sind wir wirklich in der Lage, die **aufgezeigten toxischen Haltungsmuster** aufzubrechen, oder wie es die Linguistin Sylvia Löhken formuliert, aus der Ohnmacht in die Eigenmacht zu kommen?[173] Problemlösung neu zu denken, setzt einen Paradigmenwechsel voraus, und die Arbeit an der **INTELLEKTUELLEN BESCHEIDENHEIT** stellt eine Herkulesaufgabe dar. Wollen wir aber die Qualität der Problemlösung wirklich verbessern, gilt die bekannte und oft zitierte Aussage der ehemaligen Premierministerin des Vereinigen Königreichs, Margaret Thatcher: **TINA – There Is No Alternative!**

INTELLEKTUELLE BESCHEIDENHEIT – eine Haltungsdisposition, die überfordern kann

Wie bereits erkannt, klafft zwischen dem kognitiven Verstehen und dem praktischen Leben der fünf postulierten Haltungsprinzipien eine große Kluft. Die adressierten Grundsätze stehen im krassen Widerspruch zu den aktuell beobachtbaren, den gesellschaftlichen Diskurs prägenden Handlungsweisen vieler Verantwortungsträger in unserer Gesellschaft. Durch Erziehung und Ausbildung sozialisiert und aufgrund von Fremderwartungen geformt, sind die folgenden Haltungen **Teil unserer DNA**: die Vorstellung einer absoluten Wahrheit, der Zwang, Recht haben zu müssen und den eigenen Standpunkt dezidiert zu vertreten, der Rückbezug auf das Wissen als Kompetenznachweis oder das rational-analytische Verstehen, das lösungsorientierte, schnelle Denken sowie das Schwimmen mit dem Strom. Diese, für das Finden passender Problemlösungen toxisch-dysfunktionalen Mindsets zu verändern, bedingt ein Umprogrammieren unseres **«mentalen Betriebssystems»**. Diese Veränderung stellt eine äußerst anspruchsvolle Herausforderung dar, die bei einem selbst beginnt, einem aber gleichzeitig auch zu überfordern droht. Nicht in jeder Situation bin ich in der Lage, die postulierte Haltung zu leben, und der Kontext kann entscheidend sein.

Ebenfalls wird die Haltungsänderung durch das zirkuläre Zusammenspiel von Selbst- und Fremderwartung erschwert. Selbst wenn ich bereit wäre, mich zu ändern, sähe ich mich durch die sozialen Erwartungen festgelegt, mit denen ich tagtäglich konfrontiert werde.[174] So erwarten wir von Politikern, Führungskräften und generell von Verantwortungsträgerinnen durch Wissen dokumentierte Kompetenz, eindeutige Antworten und Sicherheit gebende Orientierungen; Eigenschaften also, die im Widerspruch zu den postulierten, die **INTELLEKTUELLE BESCHEIDENHEIT** konturierenden Haltungsdispositionen stehen. Änderungen sind also nicht nur von einem selbst, sondern auch vom eigenen Umfeld gefordert. Dazu benötigen wir auch Formen einer institutionellen Unterstützung. Zentrale Bedeutung zur Ausbildung und Förderung der **INTELLEKTUELLEN BESCHEIDENHEIT** auf breiter Basis kommt dem Bildungssystem zu. In der Schule und den weiterführenden Ausbildungsinstitutionen gilt es, die alternativen Haltungsprinzipien einzuüben und somit die Fähigkeit, **problemlösend** zu handeln, auszubilden. Wir sollten die kommende Generation einladen und inspirieren, dass sie neue Haltungserfahrungen sammeln kann. Bereits in der Grundschule sollten unsere Kinder, als eine Form der Sozialkompetenz, den dialogischen Diskurs verinnerlichen und das kollektiv-kooperative und vernetzte Denken erlernen sowie die Mächtigkeit des Gemeinsam-klüger-Werdens erleben. Dadurch würden sie befähigt, den Mehrwert von Vielfalt und Pluralität zu verstehen und die jeweils eigene Sicht als eine der diversen «wahren» Sichten zu sehen. Sie lernten die Logik des Verborgenen kennen und erhielten ein Verständnis für Blackboxes. Sie erführen, dass der rechthaberische Kampf um Deutungshoheit und das Verteidigen eigener Standpunkte für das Finden besserer Lösungen wenig zielführend sind. Lehrer führten Schüler aus ihrer jeweiligen begrenzten Subjektivität und forderten Lernende heraus, ihr eigenes Denken zu validieren. Sie vermittelten basale Kompetenzen und überfachliche Fähigkeiten. Sie verzichteten auf Belehrungen, sie lüden ein und ermutigten. Ihre Ausbildung hätten sie im **«Lehramt für Problemlösung»** erhalten. Sie würden primär geschult im Vermitteln von Haltungskompetenzen, die das Finden passender Lösungen ermöglichen. In den weiterführenden Ausbildungsinstitutionen wäre es wichtig, dass die Lernenden mit dem Nichtwissen konfrontiert würden und eine gesunde Skepsis gegenüber dem absoluten Wissen ausbildeten. Sie würden für die Bedeutung der Systemlogik und das Verständnis der größeren und vernetzten Zusammenhänge sensibilisiert sowie in der Methodik der experimentellen Annäherung und der Arbeit mit **Minimum Viable Solutions (MVS)** geschult.

Das Leben der **INTELLEKTUELLEN BESCHEIDENHEIT** aber beginnt bei einem selbst, das heißt, man benötigt neuartige Routinen, mit denen man sich von traditionellen und ausgedienten Haltungsmustern lösen kann. In der Sportpsychologie spricht man von sogenannten «Pre-Performance-Routinen». Eingeübte aufgabenrelevante Gedanken und Handlungen, die Athleten vor einem Wettkampf systematisch durchführen und die helfen, eine sportliche Spitzenleistung zu erbringen. Michael Jordan, einer der besten Basketballspieler aller Zeiten, war bekannt für eine derartige Routine: Vor einem Freiwurf nahm er eine schulterbreite Haltung ein, drehte den Ball in seinen Händen, ließ ihn dreimal aufspringen, drehte den Ball erneut, fixierte den Basketballkorb und führte dann seinen Wurf aus.[175] Im Kontext des Problemlösens lauten die erläuterten und einzuübenden **Performance-Routinen:** *Let's agree to disagree und das Abweichende als Bereicherung nutzen, Dialog statt Monolog und gemeinsam (weiter-)denken, das unbekannte Unbekannte bejahen und trügerisches Wissen entlarven, Fragezeichen tiefer setzen und sich emporirren* sowie schließlich *Komfortzone verlassen und Undenkbares denken.*

INTELLEKTUELLE BESCHEIDENHEIT – eine Form von Nachhaltigkeit, die effektvoll ist

Nebst den heute gesellschaftspolitisch akzeptierten Dimensionen der Nachhaltigkeit trägt für mich die beschriebene **INTELLEKTUELLE BESCHEIDENHEIT** maßgeblich zu einem verantwortungsvollen menschlichen Handeln bei. Sie begründet eine besondere und wirkmächtige Qualität von Demut, die den geistigen Nukleus für ökologisch, ökonomisch und sozial passende Problemlösungen bildet. Auch der zukünftig verlockende Rückzug in den fiktiven digitalen Raum des Metaversums befreit uns nicht von der erforderlichen Haltungsänderung. Für die realen Probleme dieser Welt gilt es reale Lösungen zu finden.

Ich hoffe, dass Sie als Leserin oder Leser aufgrund der bisherigen Ausführungen die Thematik der Problemlösung mit anderen Augen sehen und Lust verspüren, **am ICH zu arbeiten;** dass Sie eigene Denk- und Haltungsprämissen in Frage stellen und Zusammenhänge anders verknüpfen und dass Sie die Souveränität und den Mut haben, die eigene Haltung in Richtung der postulierten Bescheidenheit zu modellieren. Eine nicht einfache, aber mit Sicherheit lohnende Aufgabe.

Ich wünsche mir, dass es uns als Gesellschaft gelingt, das **Ich im Wir etwas kleiner werden zu lassen.** Denn Zukunft ist nichts, was einfach so passiert. Sie ist in vielen Teilen das Ergebnis der Antworten auf die drängenden Probleme unserer Zeit. Wir alle haben es in der Hand, jeden Tag Teil der selbst gewünschten Veränderung zu sein und zukunftsorientiert (Mit-)Verantwortung zu übernehmen. Oder wie es der Anführer der indischen Unabhängigkeitsbewegung Mahatma Gandhi formuliert: *Die Zukunft hängt davon ab, was wir heute tun.* Unsere Haltung als Problemlösende determiniert entscheidend die Qualität der findbaren Problemlösungen. Diese wiederum bestimmt, wie unsere Zukunft sein wird. Dazu ist es erforderlich, die uns leitenden Haltungsprinzipien stets zu reflektieren, alternative Tugenden zu leben und neu zu denken. Wenn wir unsere Selbstwirksamkeit so leben, dass diese auf Verständigung, Kooperation und gemeinsames Klügerwerden ausgelegt ist, kommen auch andere viel schneller in Schwingung und eine gesellschaftliche Resonanz entsteht. Glauben wir dagegen, als Problemlösende keine Probleme zu haben, ist dies unser größtes Problem.

Gefordert ist also eine **Haltungs(r)evolution** und das **Credo** lautet:

Bescheidenheit wagen,
im Dialog ko-kreativ die Wir-Intelligenz nutzen,
robuste Lösungen finden und gemeinsam
eine bessere Zukunft gestalten!

Eine Frage ist zentral: Begnügen wir uns mit dem heute Beobachtbaren oder schaffen wir gemeinsam an den **Gelingensvoraussetzungen** für bessere Lösungen? Entscheiden wir uns für das Zweite, so bleibt der eingangs formulierte, merkwürdige und denkanstößige **Wunsch für das Übermorgen** alternativlos:

Alle an einer Problemlösung Beteiligten legen den Habitus der Welterklärenden ab und begreifen die Realität als Eigenkonstrukt. Aus dem pluralen Wirklichkeits- und Wahrheitsverständnis entsteht eine befreiende Toleranz, die dazu führt, dass man nicht Recht haben muss. Somit wird es möglich, in Form echter Dialoge um bessere Lösungen zu ringen und gemeinsam klüger zu werden. Aus dem Nicht-Recht-haben-Müssen und dem produktiven Zweifeln resultiert die Souveränität, Unwissen zu akzeptieren. Das heißt, alle Beteiligten können ihr Nichtwissen und das eigene Überfordertsein eingestehen. Hieraus entsteht eine Neugier, die Fragezeichen tiefer zu setzen, die Logik des Beobachtbaren zu begreifen und handelnd ins Verstehen zu kommen. Daraus schöpfen wir den Mut, dem vordergründig Plausiblen zu misstrauen, Kontraintuitives, das heißt dem antrainierten Menschenverstand Widersprechendes, zu wagen und robuste Lösungen für die Probleme dieser Welt zu finden.

INTELLEKTUELLE BESCHEIDENHEIT – das unbescheidene Postulat!

Haltung entsteht aus Reflexion. Zum Abschluss finden Sie nachfolgend das postulierte Manifest der **INTELLEKTUELLEN BESCHEIDENHEIT** sowie Inspirationen für das Ins-Handeln-Kommen in der Übersicht.

Die Abbildungen auf den folgenden Seiten finden Sie zum Download als PDF unter http://www.versus.ch/downloadD/2000/422/D

Das Manifest im Überblick

Bescheidenheit wagen und Probleme besser lösen!

1. Pluralität der Anschauungen billigen

statt Deutungshoheit verteidigen

Die eigene Weltsicht nicht als Referenz sehen, Blindheit gegenüber der eigenen Blindheit ernst nehmen und akzeptieren, dass wir alle in unserer Welt Recht haben.

---

2. Gemeinsam klüger werden

statt die Welt erklären

Den Sendemodus verlassen, Mitmenschen auf Augenhöhe begegnen, das Andere, Abweichende als bereichernd wertschätzen und im Dialog miteinander weiterdenken.

---

3. Nichtwissen aushalten

statt mittels Kompetenz blenden

Überzeugtsein nicht mit Wissen verwechseln, Nichtwissen eingestehen, sich von der Kompetenzillusion befreien und ehrlich zu sich selbst und anderen sein.

---

4. Sich emporirren

statt alles im Voraus wissen wollen

Das lineare Kausalitätsdenken überwinden, Systemlogik entschlüsseln und auf die experimentelle Annäherung und das Verstehen durch Handeln vertrauen.

---

5. Barrierefrei denken

statt Best Practices nachahmen

Selbstverständliches als Denkfalle entlarven, sich von dem Gefallen und Gemochtwerden emanzipieren und zur Ausweitung des Lösungsrepertoires Kontraintuitives erproben.

Einzuübende Routinen

Let's agree to disagree – Abweichendes als Bereicherung empfinden

- Die eigene Sicht als eine unter vielen begreifen und auf die Unterscheidungen wahr–falsch, Recht–Unrecht, Sieger–Verlierer verzichten.
- Spannungen des Andersseins aushalten und die Aufmerksamkeit auf das Verstehen der Argumente legen, die im Widerspruch zur eigenen Gewissheit stehen.
- Alternative Sichthypothesen ernst nehmen und das Divergierende als Inspiration für passende Lösungen nutzen.

Dialog statt Monolog – miteinander (weiter-)denken

- Das eigene Ego disziplinieren, dem missionarischen Erklärungseifer widerstehen und die Ideenwelt des Gegenübers ernst nehmen.
- Sich an den Gedanken Dritter beteiligen, dialogisch ko-kreativ (weiter-)denken und etwas Größeres, über das selbst Angedachte Hinausgehendes entstehen lassen.
- Aus dem Gemeinsam-klüger-Werden persönlich reifen und eine innere Befriedigung erfahren.

Unbekanntes Unbekanntes bejahen – trügerisches Wissen entlarven

- Inkompetenz nicht mit Selbstbewusstsein kompensieren, die eigene Fehlbarkeit annehmen und zur Prävention vor Selbstüberschätzung nutzen.
- Vereinfachenden Antworten misstrauen, Fragen offenlassen und mannigfaltige Deutungen zulassen.
- Sich der Grenzen des Wissens bewusst sein, Zweifel rationalisieren, authentisch handeln und auf Rollenspiele verzichten.

Fragezeichen tiefer setzen – experimentell verstehen

- Nicht vor der Komplexität kapitulieren und sich auf das Erkennen und Verstehen der vernetzen Zusammenhänge fokussieren.
- Auf Big Design verzichten, experimentell intervenieren, Kontext verändern und handelnd ins Verstehen kommen.
- Safe-to-fail-Experimente wagen, dem spontan Entstehenden vertrauen und schrittweise verborgene Logiken aufdecken.

Komfortzone verlassen – Undenkbares denken

- Dem vordergründig Plausiblen, der dominanten Mehrheitsmeinung misstrauen und dem Reflex sofort Lösungen finden zu müssen widerstehen.
- Frei denken, utopische Spielereien zulassen und mutig auch nicht mehrheistfähige, den Lösungsraum erweiternde Zugänge miteinbeziehen.
- Grenzen verschieben, scheinbare Gewissheiten loslassen und «brauchbare Illegalitäten» zur Lösungsfindung nutzen.

Denkangebote für die Arbeit an der INTELLEKTUELLEN BESCHEIDENHEIT
Haltung entscheidet – es beginnt bei mir!

Pluralität der Anschauungen billigen statt Deutungshoheit verteidigen

Reflexionsfragen zur Introspektion

- Wie weit lasse ich mich vom gewohnten, auf Erfahrung basierenden Erklärungsmuster der Abbildlogik leiten?
- Wie anschlussfähig ist für mich die Vorstellung, dass ich selbst die Welt und Wirklichkeit erfinde und konstruiere?
- Bin ich bereit, zu erkennen, dass es keine absoluten, sondern nur temporäre Wahrheiten geben kann?
- Ist mir der feine Unterschied zwischen Überzeugtsein und Wissen bewusst?
- Kann ich mich auf die Routine **«Let's agree to disagree»** wirklich einlassen und im Abweichenden einen echten Mehrwert erkennen?

Mehrwert-Erlebnisse

- Als ich akzeptieren konnte, dass **ICH die Welt erfinde** und die Subjekt-Objekt-Trennung eine Fiktion ist ...
- Als ich bereit war, **eigene Wahrheiten** loszulassen ...
- Als ich in der Lage war, abweichende Realitätskonstrukte **als Bereicherung zu verstehen**, sie wertzuschätzen und als gleichberechtigt anzuerkennen ...
- Als ich mich auf das Verstehen und nicht auf das Überzeugen konzentrieren konnte und ich den **Mehrwert von Pluralität** erlebt habe ...

Gemeinsam klüger werden statt die Welt erklären

Reflexionsfragen zur Introspektion

- Wie häufig gelingt es mir, der Versuchung zu widerstehen, die Diskussion zu gewinnen, und stattdessen herauszufinden, wo ich falsch liege?
- Wie gut bin ich in der Lage, auf den eigenen Kompetenznachweis und die Bestätigung, im Recht zu sein, zu verzichten und meine ganze Aufmerksamkeit auf das gemeinsame (Weiter-)Denken zu legen?
- Wie oft ertappe ich mich beim Verletzen der elementaren dialogischen Prinzipien?
- Wie souverän kann ich in Interaktionen Distanz gewinnen und das Geschehen aus einer Beobachterposition reflektieren?
- Wie gut kann ich mich auf die Routine **«Dialog statt Monolog»** einlassen und den Habitus des missionarischen Senders ablegen?

Mehrwert-Erlebnisse

- Als es mir gelang, den **Sendemodus** zu verlassen, wirklich **zuzuhören** und aus dem Gehörten Überraschendes zu entdecken ...
- Als ich erkannt habe, wie befreiend es ist, **nicht Recht haben zu müssen** und die eigene Bedeutsamkeit zu reduzieren ...
- Als ich erlebte, wie durch das gemeinsame Denken ein «Heureka-Effekt» entstanden ist ...
- Als ich in der Lage war, das Andere, Abweichende als bereichernd zu erleben und es als Inspiration für das **eigene Weiterdenken** zu nutzen ...

Nichtwissen aushalten statt mittels Kompetenz blenden

Reflexionsfragen zur Introspektion

- Wie oft traue ich mich zu sagen, «ich weiß es nicht», und wie häufig bin ich bereit, auf Rollenspiele zu verzichten, ehrlich zu mir selbst zu sein und mich verletzbar zu machen?
- Wie sehr bin ich mir der Vorläufigkeit des Wissens und des Mehrwerts des Unwissens für das Finden passender Lösungen bewusst?
- Wie oft unterliege ich der Illusion des Wissens, der Manie des Überzeugtseins, und verwechsle ich dieses Überzeugtsein mit Wissen?
- Wie ausgeprägt ist meine innere Sicherheit im Umgang mit dem Unwissen als reale Lebenswirklichkeit?
- Wie gut kann ich mich auf die Routine **«unbekanntes Unbekanntes bejahen»** einlassen und lösungsoffen denken?

Mehrwert-Erlebnisse

- Als mein trügerisches Eigenwissen entlarvt wurde und ich die **Dimensionen des unbekannten Unbekannten** wieder einmal erahnen konnte ...
- Als es mir gelang, eigenes Nichtwissen einzugestehen und mich **kompetenzunsicher** zu zeigen ...
- Als ich dem **vordergründig Faktischen** misstrauen und mutig zweifeln konnte ...
- Als ich in der Lage war, das **Unwissen als Chance** zu sehen, Fragen offenzulassen und Deutungsvielfalt zuzulassen ...

Sich emporirren statt alles im Voraus wissen wollen

Reflexionsfragen zur Introspektion

- Wie oft erlebe ich, dass das eigentliche Problem meine Art der (Problem-)Lösung ist?
- Kann ich der Versuchung widerstehen, umgehend Lösungen postulieren zu müssen?
- Bin ich bereit, durch eigenes Handeln in das Verstehen zu kommen und passende Lösungen zu finden?
- Verfüge ich über die explorative Neugier und die Fähigkeit, mittels Experimente die Offenlegung von Systemlogik(en) zu provozieren und die Welt zu verstehen?
- Habe ich den Mut, mich emporzuirren und mich auf die neue Routine **«Fragezeichen tiefer setzen»** einzulassen?

Mehrwert-Erlebnisse

- Als es mir gelang, genauer hinzusehen, mich **auf das Verstehen zu konzentrieren** und dem Reflex in Lösungen zu denken zu widerstehen ...
- Als ich erlebte, wie Raum öffnend das **Verständnis der Zusammenhänge** und Logiken für das Finden passender Lösungen ist ...
- Als ich das analytische Vorausdenken ablegen, mich experimentell annähern und **handelnd mehr verstehen konnte ...**
- Als ich erkannte, wie unendlich **groß das Lösungsspektrum** ist und wie stark meine Erfahrungen den eigenen Lösungsraum limitieren ...

Barrierefrei denken statt Best Practices nachahmen

Reflexionsfragen zur Introspektion

- Wie ausgeprägt ist mein Sinn für das Mögliche und Unmögliche, welche Relevanz hat für mich das intuitive Spielerische und konstruktive Nonkonforme?
- Wie oft unterliege ich der Versuchung, zu gefallen und gemocht werden zu wollen?
- Wie weit bin ich mir der Kraft des Kontraintuitiven für das Finden passender Lösungen bewusst?
- Bewege ich mich in Räumen, in denen Überraschendes passieren kann, echte Experimente gewagt werden und Zufallsentdeckungen geschehen?
- Wie gut kann ich mich auf die Routine **«Komfortzone verlassen»** einlassen und mich dem Kohortendruck entziehen?

Mehrwert-Erlebnisse

- Als ich wieder einmal erlebt habe, wie **unendlich groß das Lösungsspektrum** sein kann ...
- Als ich spürte, wie stark ich mich an der Mehrheitsmeinung orientiere, wie ausgeprägt ich **gefallen und gemocht werden will ...**
- Als ich dem Selbstverständlichen mit Skepsis begegnet bin und **Kontraintuitives** gewagt habe ...
- Als ich in der Lage war, durch das **Schwimmen gegen den Strom**, Energie zu gewinnen, eigenständig zu denken und das Lösungsrepertoire zu erweitern ...

Anmerkungen

1 Wüthrich, H.A.: Der alternative Problemlösungs-Algorithmus, in: zfo 5/2005 (74. Jg.), S. 299–300
2 Kolmar, M./Beschorner, T./Szech, N.: Die gefährliche Tendenz des konspirativen Zweifels, in: NZZ vom 18.12.21, S. 21
3 Beck, A.T.: Cognitive therapy and the emotional disorders, Madison 1975
4 https://www.deutschlandfunkkultur.de/sendung-mit-der-maus-wird-50-die-welterklaerer.1013.de.html?dram:article_id=490721
5 Selbstverständlich gilt es die erreichten zivilisatorischen Fortschritte auch zu würdigen, und früher war es nie besser als heute. Im Vergleich des Jahres 1800 zu heute ist die Armut von über 90 Prozent auf unter 10 Prozent, und die Kindersterblichkeit von 40 Prozent auf unter 5 Prozent zurückgegangen. Unsere Lebenserwartung hat sich in den vergangenen 200 Jahren verdoppelt, und der Anteil der Analphabeten ist von über 80 auf unter 20 Prozent gesunken. 1870 lag in Europa die wöchentliche Arbeitszeit bei über 60 Stunden. Vgl. Permantier, M.: Haltung entscheidet: Führung & Unternehmenskultur zukunftsfähig gestalten, 1. Aufl., München 2019, S. 18
6 Arvay, C. G.: Wir können es besser – Wie Umweltzerstörung die Corona-Pandemie auslöste und warum ökologische Medizin unsere Rettung ist, Köln 2020, S. 139
7 Haller, L.: Lebensmittelverschwendung: die Dekadenz des Überflusses, in: Themen des Weltagrarberichts. www.welthungerhilfe.de/lebensmittelverschwendung/#c16878
8 Smil, V.: Worldwide transformation of diets, burdens of meat production and opportunities for novel food proteins, in: Enzyme and Microbial Technology, Vol. 30. Iss. 3, S. 305–311
9 Kohler, A.: Wer Soja isst, zerstört den Regenwald, in: NZZ vom 13.07.2020, S. 2. www.nzz.ch/panorama/montagsklischee/soja-wird-hautpsaechlich-fuer-tierfutter-produziert-1.18335485
10 Arvay, C. G.: Wir können es besser – Wie Umweltzerstörung die Corona-Pandemie auslöste und warum ökologische Medizin unsere Rettung ist, Köln 2020, S. 133
11 Welzer, H.: Selbst denken – Eine Anleitung zum Widerstand, Frankfurt a.M. 2013. https://utopia.de/ratgeber/earth-overshoot-day/
12 Vgl. Welzer, H.: Nachruf auf mich selbst: Die Kultur des Aufhörens, Berlin 2021
13 Dasgupta, P.: The Economics of Biodiversity. The Dasgupta Review. Hrsg.: HM Treasury. London 2021
14 Fröhlich, H.: Die Welt in Zahlen, in: brandeins 06/2021, S. 10
15 Arvay, C. G.: Wir können es besser – Wie Umweltzerstörung die Corona-Pandemie auslöste und warum ökologische Medizin unsere Rettung ist, Köln 2020, S. 221
16 Eisenring, C.: Die verwaltete Gesundheit: Wie der Staat den Wettbewerb aushebelt – und welche Medizin es dagegen gibt, in: NZZ vom 18.08.2021, S. 1 und 21

17 Rotermund, U.: Unternehmenskultur ist (auch) Handwerk – Wie wir mit nützlichem Organisationshandwerk aus der Komplexitätsfalle ausbrechen können, in: Permantier, M. (Hrsg.): ICH-WIR-ALLE – Transformationsgestalter:innen geben wegweisende Impulse für die Zukunft, 1. Aufl., München 2022, S. 191
18 Das Gesetz der Kybernetik, auch als William Ross Ashby's Gesetz der erforderlichen Varietät (Law of Requisite Variety) bezeichnet, besagt, dass Varietät nur mit Varietät begegnet werden kann. Ross Ashby, W.: Einführung in die Kybernetik, Frankfurt a.M. 1974
19 Zitiert in: Käser, E.: Die Lektion der Mikrobe, in: NZZ vom 25.09.21, S. 21
20 Lotter, W.: Zusammenhänge – Wie wir lernen, die Welt wieder zu verstehen, Hamburg 2020
21 Hüther, G.: Wege aus der Angst: Über die Kunst, die Unvorhersehbarkeit des Lebens anzunehmen, Göttingen 2020
22 Vgl. Hermann, I.: Neue kreative und originelle Denkräume erschließen, in: brandeins 01/22, S. 92 – 95, S. 93
23 Welzer, H.: Selbst denken – Eine Anleitung zum Widerstand, Frankfurt 2013
24 Kruse, P.: Wie reagieren Menschen auf wachsende Komplexität. https://www.youtube.com/watch?v=m3QqDOeSahU
25 Krones, T.: Wir müssen die Gesellschaft zusammenhalten, komme, was wolle, in: NZZ vom 27.11.2021, S. 9
26 Hosp, G./Oroschakoff, K.: Das große Palaver, in NZZ vom 13.11.2021, S. 7
27 In Anlehnung an das Buch von Permantier, M.: Haltung entscheidet: Führung & Unternehmenskultur zukunftsfähig gestalten, 1. Aufl., München 2019
28 Permantier, M.: Haltung entscheidet: Führung & Unternehmenskultur zukunftsfähig gestalten, 1. Aufl., München 2019, S. 13
29 https://www.psychomeda.de/lexikon/selbstwirksamkeit.html
30 Zitiert in: Wichert, S.: Mister Kopfnuss, in: NZZ vom 09.10.21, S. 45
31 Der Begriff stammt von der Philosophin, Schriftstellerin und Publizistin Hannah Arendt.
32 Buhr, M. u.a.: Philosophisches Wörterbuch, Band 1, Berlin 1970, S. 32 ff.
33 Zitiert in: Schneider, R.U.: Warum wir glauben, was wir glauben, in: NZZ-Folio vom 03.05.2021
34 Kahneman, D./Sibony, O./Sunstein, C.R.: Noise – Was unsere Entscheidungen verzerrt und wie wir sie verbessern können, München 2021
35 Hoffman, D.D.: Relativ real – Warum wir die Wirklichkeit nicht erfassen können und wie die Evolution unsere Wahrnehmung geformt hat, München 2020
36 Roth, G.: Über den Menschen, Berlin 2021, S. 165 f.
37 Roth, G.: Bildung braucht Persönlichkeit – Wie lernen gelingt, 2. Aufl., Stuttgart 2011, S. 268
38 Roth, G.: Über den Menschen, Berlin 2021, S. 165
39 Glasersfeld, E. von: Konstruktion der Wirklichkeit und des Begriffs der Objektivität 1985, in: Gumin, H./Mohler, A. (Hrsg.): Einführung in den Konstruktivismus. München, Oldenbourg 1985, S. 1 – 26, S. 9
40 Tilman A.: Ich mach mir die Welt, wie sie mir gefällt, in: NZZ vom 16.01.2021, S. 39
41 https://www.philognosie.net/wissen-technik/humberto-maturana-biologie-und-erkenntnis
42 Vgl. Markowitsch, H.J.: Wir biegen unsere Erinnerungen zurecht und können Sprachen, die wir nie gelernt haben, in: NZZ am Sonntag vom 07.02.21, S. 45
43 Vgl. Eagleman, D.: On The Inside Story of the Ever-Changing Brain. https://brenebrown.com/podcast/brene-with-david-eagleman-on-the-inside-story-of-the-ever-changing-brain/
44 https://thriveglobal.com/stories/if-you-have-a-brain-youre-bias/
45 https://www.verywellmind.com/negative-bias-4589618
46 Studie von Shai Danziger und Kolleginnen, die letztes Jahr in der wissenschaftlichen Fachzeitschrift Proceedings of the National Academy of Sciences publiziert wurde. https://www.braindate.ch/blutzucker-entscheidungen/
47 Kahneman, D./Sibony, O./Sunstein, C.R.: Noise – Was unsere Entscheidungen verzerrt und wie wir sie verbessern können, München 2021

48 Zitiert in: Anacker, M.: Das Erkenntnisproblem und der Wissensbegriff in der philosophischen Tradition. In: Schützeichel, R. (Hrsg.): Handbuch Wissenssoziologie und Wissensforschung, Konstanz 2007, S. 353–374, S. 356
49 Holzer, J.:/Thommen, J.-P./Wolf, P.: Wie Wissen entsteht – Eine Einführung in die Welt der Wissenschaft für Studierende und Führungskräfte, Zürich 2012, S. 63
50 Vgl. dazu: Tribelhorn, M.: Der Schlaf der Selbstgerechten, in: NZZ vom 31.07.21, S. 1
51 Augstein, J.: Die Wahrheitskrise, ZDF Mediathek. https://www.zdf.de/kultur/kulturdoku/wahrheitskrise-augstein-100.html
52 Hoffman, D.D.: Relativ real – Warum wir die Wirklichkeit nicht erfassen können und wie die Evolution unsere Wahrnehmung geformt hat, München 2020
53 Glasersfeld, E. von: Einführung in den radikalen Konstruktivismus, München 1995, S. 22 f.
54 Berger, P.L./Luckmann, T.: Die gesellschaftliche Konstruktion der Wirklichkeit – Eine Theorie der Wissenssoziologie, 3. Aufl., Frankfurt a.M. 1972
55 Roth, G.: Über den Menschen, Berlin 2021, S. 151
56 Vgl. Doidge, N.: Neustart im Kopf – Wie sich unser Gehirn selbst repariert, Frankfurt a.M. 2007
57 https://vimeo.com/398608360
58 Martin Permantier hat dazu ein interessantes evolutionäres Modell der sechs Haltungen entwickelt. Permantier, M.: Haltung entscheidet – Führung & Unternehmenskultur zukunftsfähig gestalten, 1. Aufl., München 2019, S. 64 ff.
59 Brown, B.: Words, Actions, Dehumanization, and Accountability. https://brenebrown.com/podcast/brene-on-words-actions-dehumanization-and-accountability/
60 Kastner, H.: Mächtige machen dumme Dinge, in: NZZ am Sonntag vom 06.02.22, S. 18
61 Jandl, P.: Die Besserwisser sind im Vorteil – Wem das Wissen zu anstrengend ist, der nimmt die Abkürzung, in: NZZ vom 27.01.21, S. 30
62 Solnit, R.: Wenn Männer mir die Welt erklären, Hamburg 2015, S. 11–32
63 Kaeser, E.: Über die grassierende Manie des Überzeugtseins, in: NZZ vom 08.01.2022, S. 21
64 Vgl. Jansen, S.A.: Über Zuversicht – Warum Größenwahn, Hybris und Narzissmus die Klassiker der Management-Kritik sind, in: brandeins 01/22, S. 90–91, S. 90
65 Kahneman, D.: Schnelles Denken, langsames Denken, München 2011. S. 267
66 Göpel, M.: Unsere Welt neu denken – Eine Einladung, Berlin 2021, S. 93
67 Hartmann, M.: Vertrauen – Die unsichtbare Macht, Frankfurt a.M. 2020, S. 33
68 Habermas, J.: Theorie des kommunikativen Handelns, Band I: Handlungsrationalität und gesellschaftliche Rationalisierung, Berlin 1981
69 Strasser, P.: Der Aufstieg der Mundtotmacher, in: NZZ vom 19.04.2021, S. 19
70 Vgl. Stauffacher, R.: Vor allem ein PR-Coup, in: NZZ vom 09.01.2021, S. 21
71 Vgl. Widmann, V.: Pandemie-Debatte nicht nur den «Experten» überlassen, in: NZZ vom 09.12.21, S. 18
72 Kaeser, E.: Die Stunde der Spinner – Wissenschaft und Freiheit, in: NZZ vom 04.06.2021, S. 19
73 Martin, G.: Sokrates, Hamburg 1967, zitiert in: Ballreich, R.: Was ist Dialog, in: Trigon Themen 3/2006. http://mindful-leadership-training.de/wp-content/uploads/2018/01/Was-ist-Dialog.pdf
74 Schmoelz, A.: On Co-Creativity in Playful Classroom Activities. Creativity. Theories – Research – Applications, 4(1), 25–64, 2017. https://doi.org/10.1515/ctra-2017-0002
75 Juul, J.: Pubertät – Wenn Erziehen nicht mehr geht, 6. Aufl., München 2011
76 Buber, M.: Das dialogische Prinzip, Heidelberg 1962
77 Elstner, T.: Martin Buber – Dialogische Begegnung. https://www.lustaufleben.at/fachartikel_psy/martin-buber-dialog-und-begegnung/
78 Geyer, Ch.: Denken ohne Umweg – David Bohms Lehre vom Dialog ist ein Monolog, in: FAZ vom 24.03.1998, Nr. 70, S. 24 https://www.faz.net/aktuell/feuilleton/buecher/rezension-sachbuch-der-hoert-sich-selber-an-wie-ein-echo-11303300.html
79 https://organicstrategies.de/die-kunst-des-dialogs-nach-david-bohm/ und http://mindful-leadership-training.de/wp-content/uploads/2018/01/Was-ist-Dialog.pdf

80 Bohm, D.: Der Dialog – Das offene Gespräch am Ende der Diskussionen, Stuttgart 1998. Herausgegeben von Lee Nichol, L., und aus dem Englischen übersetzt von Grube, A. (Original: On Dialogue)
81 Linder, W.: Die öffentliche Meinung zerfällt in Bubbles, in: NZZ vom 05.02.22, S. 21
82 Vehrkkamp, R./Merkel, W.: Populismusbarometer 2018: Populistische Einstellungen bei Wählern und Nichtwählern in Deutschland 2018. https://www.bertelsmann-stiftung.de/de/themen/aktuelle-meldungen/2018/oktober/deutschlands-mitte-wird-populistischer
83 Angler, M.: Mit Entscheidungs-Hygiene lassen sich bessere Resultate erzielen, in: NZZ vom 11.07.2021, S. 27
84 Zitiert in: Stephan, J.: Die Politsendung «Arena» ist ein Kampfplatz der Selbstinszenierung – Wer siegen will, muss das richtige Rhetorikseminar besucht haben. Eine sprachwissenschaftliche Betrachtung, in: NZZ vom 27.03.2021
85 https://currytalks.com/das-superchicken-problem-was-teams-wirklich-erfolgreich-macht/92/
86 Göpel, M.: Unsere Welt neu denken – Eine Einladung, Berlin 2021, S. 60
87 Mijuk, G./Blaschke, S.: Ohne Replay-Taste gibt es keinen Raum für Trolle, in: NZZ am Sonntag vom 28.12.2020, S. 6 – 7
88 Hangartner, D./Gennaro, G./Alasiri, S. et.al.: Empathy-based counterspeech can reduce racist hate speech in a social media field experiment, in: Proceedings of the National Academy of Sciences, December 14, 2021
89 Langer, M.-A.: Die Amerikaner gehen in die Selbsttherapie, in: NZZ vom 28.12.2020, S. 5
90 Leben in Zahlen, in: brandeins 12/2020, S. 72
91 Falkai, P./Wittchen, H.-U. (Hrsg.): Diagnostisches und Statistisches Manual Psychischer Störungen DSM-5®, Göttingen 2018
92 Taleb, N. N.: Der Schwarze Schwan – Die Macht höchst unwahrscheinlicher Ereignisse, München 2008, S. 25
93 https://www.heise.de/newsticker/meldung/Gute-Vorhersagen-sind-Uebungssache-3274909.html
94 Vgl. Dörner, D.: Die Logik des Misslingens – Strategisches Denken in komplexen Situationen, Hamburg 2003
95 Jamais Cascio postuliert den BANI-Ansatz als Sensemaking Model für das Zeitalter des Chaos. https://medium.com/@cascio/facing-the-age-of-chaos-b00687b1f51d https://stephangrabmeier.de/bani-vs-vuca
96 Vgl. Renz, U.: Abschied von einem philosophischen Phänomen, in: NZZ vom 09.01.2021, S. 35
97 Gladwell, M: Die Kunst, nicht aneinander vorbeizureden, Hamburg 2019
98 Bolz, N.: Blindflug in die Zukunft, in: NZZ vom 23.10.21, S. 21
99 Kaeser E.: Was sich dieser Tage als «Corona-Skepsis» äußert, ist größtenteils nicht Skepsis, sondern Besserwisserei, Borniertheit und Misstrauen, in: NZZ vom 26.06.21, S. 54
100 Kaeser, E.: Die Stunde der Spinner – Wissenschaft und Freiheit, in: NZZ vom 04.06.2021, S. 19
101 Hafner, U.: Alles ganz wissenschaftlich – Die Lügen der Verschwörungstheoretiker offenbaren die Wahrheit des Wissenschaftsbetriebs, in: NZZ vom 08.02.2021, S. 31
102 Ioannidis J.: Why most published research findings are false, in: Publick Library of Life Science (PLOS) vom 30.08.2005 https://journals.plos.org/plosmedicine/article?id=10.1371/journal.pmed.0020124
103 Vgl. myMarktforschung: Ehrlichkeit: wieviel Pinocchio steckt in den Deutschen, Hamburg 2016 https://www.gcn.ch/downloads/NET16.pdf
104 Lenzen, M.: Die Lehre vom Nichtwissen, in: FAZ. https://www.faz.net/aktuell/feuilleton/geisteswissenschaften/die-lehre-vom-nichtwissen-alles-was-man-nicht-wissen-muss-1653324.htm
105 Edmondson, A.C.: Die angstfreie Organisation – Wie Sie psychologische Sicherheit am Arbeitsplatz für mehr Entwicklung, Lernen und Innovation schaffen, München 2020
106 Gut dokumentiert in: Clark, T.: The 4 Stages of Psychological Safety – Defining the Path to Inclusion and Innovation, Oakland 2020
107 Zitiert in: Edmondson, A.C.: Die angstfreie Organisation – Wie Sie psychologische Sicherheit am Arbeitsplatz für mehr Entwicklung, Lernen und Innovation schaffen, München 2020
108 Roth, G.: Über den Menschen, Berlin 2021, S. 98

109 Wüthrich, H.A.: Führung – Wenn das Drehbuch fehlt, in: Organisator, 6/2020, S. 18 – 19, S. 19
110 Kaeser, E.: Über die grassierende Manie des Überzeugtseins, in: NZZ vom 08.01.2022, S. 21
111 Der Begriff der «Inkompetenzkompensationskompetenz» stammt vom Philosophen Odo Marquard. Zitiert in: Marquard, O.: Zukunft braucht Herkunft, Stuttgart 2003, S. 31
112 Hirschi, C.: Der Hype ums Gymnasium bedroht unser Bildungssystem, in: NZZ am Sonntag vom 11.08.2019, S. 14
113 Lotter, W.: Zusammenhänge – Wie wir lernen, die Welt wieder zu verstehen, Hamburg 2020, S. 5
114 Unter der Biokybernetik versteht man die Wissenschaft, die die Steuerungs- und Regelungsvorgänge in biologischen Systemen (Mensch, Tier, Pflanze) untersucht. Quelle: Wikipedia 02.05.2022
115 Vester, F.: Leitmotiv vernetztes Denken – Für einen besseren Umgang mit der Welt, 6. Auflage, München 1997, und Vester, F.: Die Kunst, vernetzt zu denken – Ideen und Werkzeuge für einen neuen Umgang mit Komplexität, 4. Auflage, München 2004
116 Fisch, R./Beck, D.: Komplexitätsmanagement – Methoden zum Umgang mit komplexen Aufgabenstellungen in Wirtschaft, Regierung und Verwaltung. https://link.springer.com/chapter/10.1007/978-3-322-89803-6_8
117 Welzer, H.: Nachruf auf mich selbst – Die Kultur des Aufhörens, Berlin 2021
118 Arvay, C. G.: Wir können es besser – Wie Umweltzerstörung die Corona-Pandemie auslöste und warum ökologische Medizin unsere Rettung ist, Köln 2020, S. 41 ff.
119 Arvay, C. G.: Wir können es besser – Wie Umweltzerstörung die Corona-Pandemie auslöste und warum ökologische Medizin unsere Rettung ist, Köln 2020, S. 52. Bereits 2005 warnte der Epidemiologe Jakob Zinsstag vor Krankheiten, die von Tieren auf den Menschen überspringen, und er forderte, dass wir Gesundheit als ein Zusammenspiel zwischen Menschen, Tieren und Umwelt verstehen. Vgl. dazu Schlaefli, S.: Impfungen für Kinder und Rinder, in: NZZ am Sonntag vom 27.02.22, S. 46 f.
120 Böhme, J.: Heilsame Krise – In schwierigen wirtschaftlichen Zeiten leben die Menschen gesünder und länger – Wie kann das sein?, in: brandeins 12/2020, S. 114 – 119
121 Nachfolgende Ausführungen basieren auf dem Text von: Herren, H.R.: Reine Symptombekämpfung, in: NZZ vom 27.07.2011, S. 20
122 Horber, R.: Weniger Entwicklungshilfe, mehr Entwicklung, in: NZZ am Sonntag vom 11.07.21, S. 17. https://nzzas.nzz.ch/meinungen/weniger-entwicklungshilfe-mehr-entwicklung-ld.1634977
123 Stadler, T.: Eine Volkswirtschaft muss von innen entstehen, in: NZZ vom 21.08.2021
124 Lotter, W.: Zusammenhänge – Wie wir lernen, die Welt wieder zu verstehen, Hamburg 2020, S. 52
125 Holt, J: Als Einstein mit Gödel spazieren ging – Ausflüge an den Rand des Denkens, Hamburg 2018
126 Vgl. Brockmann, D.: Im Wald vor lauter Bäumen – Unsere komplexe Welt besser verstehen, München 2021
127 Zitiert in: Kaeser, E.: Die reale Welt ist alles, was nicht ins Modell passt, in: NZZ vom 09.09.21, S. 52
128 Käser, E.: Die Lektion der Mikrobe, in: NZZ vom 25.09.21, S. 21
129 Mayring, P.: Einführung in die qualitative Sozialforschung, Weinheim 1999, S. 42
130 Manzi, J.: Uncontrolled – The Surprising Payoff of Trial-and-Error for Business, Politics, and Society. New York 2012, S. 79
131 Vgl. Kant, I.: Kritik der reinen Vernunft, Leipzig 1930, S. 18
132 Groß, M./Hoffmann-Riem, H./Krohn, W.: Realexperimente – Ökologische Gestaltungsprozesse in der Wissensgesellschaft, Bielefeld 2005, S. 35
133 Wüthrich, H.A.: Zufall als Fortschrittsgarant – Ein Plädoyer für das unbeabsichtigte Entdecken, in: Zeitschrift für Führung und Organisation, 03/2019 (88. Jg.), S. 200 – 204
134 Greg McKeown: Essentialismus – Die konsequente Suche nach Weniger, Kandern 2018
135 Zitiert in: Clemens G.: Wir können es besser, Köln 2020, S. 181 – 185, S. 181
136 Wüthrich, H.A.: Führung – wenn das Drehbuch fehlt, in: Organisator, 6/2020, S. 18 – 19
137 Busch, Ch.: The Serendipity Mindset – The Art and Science of Creating Good Luck, London 2020
138 Grant, A.: Think Again – Die Kraft des flexiblen Denkens – Was wir gewinnen, wenn wir unsere Pläne umschmeißen, München 2022
139 Ingmar Niemann, I.: Grundeinkommen global – Ein Überblick über die internationalen Modellversuche zum bedingungslosen Grundeinkommen, in: Zeitschrift für Politik, 2015, S. 157 – 168 Modellversuche Deutschland: https://expedition-grundeinkommen.de/modellversuch/

140 Keusch, N.: Toledo wird zu Pfizers Versuchslabor, in: NZZ vom 29.10.21, S. 14
141 Zitiert in: Kučera, A./Burri, A.: Pandemie – Es gibt noch viel zu tun, in: NZZ am Sonntag vom 20.02.22, S. 10
142 Hamel, G.: Werdet wütend, Interview in: brandeins 2017. https://www.google.com/search?client=safari&rls=en&q=gery+hamel+und+adidas+hackathon&ie=UTF-8&oe=UTF-8,
Video: https://www.youtube.com/watch?v=vTZHQqEK-CE
143 https://de.wikipedia.org/wiki/Neun-Punkte-Problem
144 Permantier, M.: Haltung entscheidet – Führung & Unternehmenskultur zukunftsfähig gestalten, 1. Aufl., München 2019, S. 232
145 Für Interessierte: www.unibw.de/international-management und www.musterbrecher.de
146 Zitiert in: Janser, C.: Unternehmen lassen – Ausblicke in die Bildungslandschaft von morgen, in: brandeins, 08/12, S. 84 – 93, S. 90
147 Vgl. Ramge, T.: Das Innovations-Paradox, in: brandeins 12/2020, S. 65 – 68
148 Misik, R.: Mainstream-Kritik ist der neue Mainstream, in: NZZ vom 07.11.2014.
https://www.nzz.ch/meinung/debatte/realitaet-oder-phantasma-ld.864142
149 Howard J./Ross, H.J.: Alltägliche Vorurteile – Wie wir unbewusste Urteile im täglichen Leben erkennen und vermeiden, Maryland 2014
150 https://www.rocketeer.de/wie-man-mit-einer-guten-routine-das-leben-veraendern-kann/
151 Roth, G.: Über den Menschen, Berlin 2021, S. 120 ff.
152 Kruse, P.: Wie reagieren Menschen auf Komplexität. https://www.youtube.com/watch?v=m3QqDOeSahU, 02.05.2022
153 Käser, E.: Die Lektion der Mikrobe, in: NZZ vom 25.09.21, S. 21
154 Bechtler, C./Hänel, A./Laube, M./Pohl, W./Schmid, F. (Hrsg.): Shared Space – Beispiele und Argumente für lebendige öffentliche Räume, Bielefeld 2010
155 Wüthrich, H.A.: Capriccio – Ein Plädoyer für die ver-rückte und experimentelle Führung, Zürich, München 2021, S. 91
156 Vgl. Krusche, B./Groth, T./Nagel, R./Schumacher, T.: «Houston, we have a problem …» – Überlegungen zur Aerodynamik moderner Organisationen, in: Revue für postheroisches Management, Heft 3/2008, S. 72 – 80
157 Wüthrich, H.A.: Capriccio – Ein Plädoyer für die ver-rückte und experimentelle Führung, Zürich, München 2021, S. 43 ff.
158 Nachfolgende Ausführungen sind entnommen aus: Wüthrich, H.A.: Zufall als Fortschrittsgarant – Ein Plädoyer für das unbeabsichtigte Entdecken. In: zfo (88 Jg.) 3/2019, S. 200 – 204, S. 201 – 203, vgl. auch: Fuster, Th.: Besser führen dank weniger Wissen, in: NZZ vom 30.08.2021, S. 24
159 Vgl. auch: Fuster, T.: Besser führen dank weniger Wissen, in: NZZ vom 30.08.2021, S. 24
160 McKeown, G.: Essentialismus – Die konsequente Suche nach Weniger, Kandern 2018
161 Hucke, V.: Harmonie wird überbewertet, in: Permantier, M. (Hrsg.): ICH-WIR-ALLE – Transformationsgestalter:innen geben wegweisende Impulse für die Zukunft, 1. Aufl., München 2022, S. 206
162 Grant, A.: Nonkonformisten – Warum Originalität die Welt bewegt, München 2018
163 Luhmann, N.: Funktionen und Folgen formaler Organisationen, Berlin 1964, S. 304 ff.
164 Kühl, S.: Brauchbare Illegalität – Vom Nutzen des Regelbruchs in Organisationen, Frankfurt a.M. 2020
165 Pfeil, L.: Du lebst, was du denkst – Neun philosophische Denkweisen, mit denen wir uns und andere besser verstehen, Hamburg 2015
166 Lotter, W.: Weitsichtig, in: brandeins 06/21, S. 38
167 Sprenger, R.K.: Unternehmen müssen nicht überleben – Nachhaltigkeit neu denken, in: Zimmerli, Ch.W./Wolf, S.: Spurwechsel – Wirtschaft weiter denken, Hamburg 2006, S. 186 ff., S. 206
168 Lotter, W.: Innovation – Streitschrift für barrierefreies Denken, Hamburg 2018
169 Hüther, G.: Anregungen für Gehirnbenutzer, https://www.youtube.com/watch?v=2XlJmew2lK4, 02.05.2022
170 Gigerenzer, G.: Klick: Wie wir in einer digitalen Welt die Kontrolle behalten und die richtigen Entscheidungen treffen, München 2022

171 Tanner, S./Schäfer, F.: Das GLP-Lab war die Idee einer modernen Partei, in: NZZ vom 02.04.2022, S. 9

172 Vgl. dazu: Wüthrich, H.A.: Führung in Selbstverantwortung, Selbstorganisation und Kollaboration, in: Zeitschrift Lernende Organisation, Nr. 117, September 2020, S. 26 – 33

173 Löhken, S.: Von der Macht zur Ohnmacht – und zurück, in: Permantier, M. (Hrsg.): ICH-WIR-ALLE – Transformationsgestalter:innen geben wegweisende Impulse für die Zukunft, 1. Aufl., München 2022, S. 26 ff.

174 Luhmann, N.: Organisation und Entscheidung, 3. Auflage, Wiesbaden 1978, S. 280

175 https://medienportal.univie.ac.at/presse/aktuelle-pressemeldungen/detailansicht/artikel/macht-der-gewohnheit-pre-performance-routine-bringt-vorteile-fuer-athletinnen/

Weitere Inspirationsquellen für Interessierte

Bohm, D.: Der Dialog – Das offene Gespräch am Ende der Diskussionen, Stuttgart 1998

Holzer, J./Thommen, J.-P./Wolf, P.: Wie Wissen entsteht – Eine Einführung in die Welt der Wissenschaft für Studierende und Führungskräfte, Zürich 2012

Lotter, W.: Unterschiede – Wie aus Vielfalt Gerechtigkeit wird, Hamburg 2022

Sedlacek, T./Orrell, D.: Bescheidenheit – Für eine neue Ökonomie, München 2013

Simon, F.B.: Einführung in Systemtheorie und Konstruktivismus, Heidelberg 2015

Watzlawick, P. (Hrsg.): Die erfundene Wirklichkeit: Wie wissen wir, was wir zu wissen glauben? München 2006

Wüthrich, H.A.: Capriccio – Ein Plädoyer für die ver-rückte und experimentelle Führung, Zürich und München 2020

Glossar

Agnotologie (S. 80)	Wissenschaft, die sich mit Unwissen beschäftigt.
Ambiguität (S. 29)	Mehrdeutigkeit oder Doppeldeutigkeit.
Ambivalenz (S. 78)	Zwiespältigkeit, wenn mehrere Deutungen möglich sind.
argumentum ad populum (S. 117)	Beweisrede für das Volk – etwas wird als wahr behauptet, weil es der Meinung einer relevanten Mehrheit von Personen entspricht.
Bias (S. 34)	Verzerrung der eigenen Wahrnehmung.
Dehumanisierung (S. 50)	Entmenschlichung.
Emergenz (S. 130)	Möglichkeit der spontanen Herausbildung neuer Eigenschaften.
Evidenz (S. 13)	Faktische Gegebenheit, nachgewiesene Wirksamkeit.
Hackathon (S. 108)	Wortverbindung zwischen Hack (technischer Kniff) und Marathon. Event, an dem unter Zeitdruck neue Ideen entwickelt werden.

Häretiker (S. 127)	Jemand, der von der offiziellen Kirchenlehre abweicht.
Heuristik (S. 9)	Verfahren, methodische Anleitung.
Homo rationalis (S. 99)	Vernunftbasiertes Menschenbild.
Human Downgrading (S. 51)	Negative Auswirkungen der digitalen Technologien auf den Menschen und die Gesellschaft.
Ich-synton (S. 33)	Wenn eine Person ihre Gedanken, Emotionen und Verhaltensweisen als zu ihrem Ich gehörend erlebt.
Infodemie (S. 52)	Bezeichnung der weltweiten Ausbreitung von Fake News.
Innovation Delusion (S. 118)	Innovationswahn.
INTELLEKTUELLE BESCHEIDENHEIT (S. 10)	Innere Souveränität, die es einem erlaubt, sich vom Habitus der Ich-Zentrierung, der rechthaberischen Deutungshoheit, der naiven Omnikompetenz und des trügerischen Wissens zu emanzipieren.
Isomorphie (S. 121)	Gleichgestaltigkeit von Theorien oder Modellen.
Konstruktivismus (S. 37)	Erkenntnistheoretische Position, die die menschliche Fähigkeit, die Realität objektiv zu erkennen, mit der Begründung bestreitet, dass jeder Einzelne sich seine Wirklichkeit konstruiert.
Kontextkompetenz (S. 94)	Fähigkeit, Zusammenhänge herzustellen.
Kontingenz (S. 84)	Möglichkeit und gleichzeitige Nichtnotwendigkeit einer Aussage.
kontraintuitiv (S. 121)	Dem antrainierten Menschenverstand widersprechend.
Kybernetik (S. 16)	Lehre von der Steuerung und Regelung komplexer Systeme.
Mainstream (S. 116)	Geschmack der großen Mehrheit, Populärkultur.

Mansplaining (S. 50)	Erklärung eines Mannes, der davon ausgeht, mehr zu wissen als eine meist weibliche Person.
Metaversum (S. 148)	Digitaler Raum, der durch die Annäherung von virtueller, erweiterter und physischer Realität entsteht.
Monoperspektivismus (S. 53)	Sichtweise von nur einem Betrachter.
MVS (S. 109)	Minimum Viable Solution – minimal brauchbare Lösung.
Narrativ (S. 13)	Geschichte oder Erzählung, die das Weltbild einer Gruppe beeinflusst.
Nonkonformismus (S. 119)	Von den bestehenden Verhältnissen, der vorherrschenden Meinung abweichende Haltungen, Positionen und Auffassungen.
Ontologie (S. 38)	Disziplin der Philosophie, die sich mit der Einteilung des Seienden und den Grundstrukturen der Wirklichkeit befasst, zum Beispiel mit Begriffen wie Existenz, Sein, Werden und Realität.
Orthodoxer*(S. 127)	Rechtsgläubiger, Strenggläubiger.
Pathologisierung (S. 74)	Deutung von physischen, psychischen oder sozialen Erscheinungen und Vorgängen als krankhaft.
polydisziplinär (S. 54)	Mehrere wissenschaftliche Fachrichtungen berücksichtigend.
Populismusbarometer (S. 59)	Von der Bertelsmann Stiftung erhobene Daten zum Populismus.
psychologische Sicherheit (S. 85)	Überzeugung einer Person oder Gruppe, dass Risiken innerhalb eines Teams oder einer Organisation ohne negative Konsequenzen eingegangen werden können.
Relationsuniversum (S. 95)	Universum der Beziehungen.
res cogitans (S. 37)	Die denkende Sache (Descartes).

Serendipitätsprinzip (S. 102)	Zufällige Beobachtung von etwas ursprünglich nicht Gesuchtem, dass sich als überraschende Entdeckung erweist.
Skeptizismus (S. 38)	Philosophische Richtung, die das systematische Hinterfragen zum Prinzip des Denkens erhebt und die Möglichkeit einer Erkenntnis von Wirklichkeit und Wahrheit in Frage stellt.
Solipsismus (S. 38)	These der Philosophie, nach der allein die Existenz des eigenen Ichs gewiss sein kann.
suspendieren (S. 58)	Als dialogisches Prinzip: eigene Gedanken, Annahmen und Emotionen in die «Mitte» geben und sich davon befreien.
Systemik (S. 100)	Inter- und transdisziplinärer Ansatz, der wissenschaftliches Wissen mit praxisorientierten Vorgehensweisen vernetzt.
Szientismus (S. 81)	Die Auffassung, dass sich mit wissenschaftlichen Methoden alle Fragen beantworten lassen.
Troll (S. 65)	Person, die im Netz vorsätzlich einen verbalen Disput entfacht.
Validität (S. 101)	Kriterium für die Güte eines Tests oder einer Messung.
Verbalradikalismus (S. 52)	Sprachliche Extremansichten.
viabel (S. 38)	Für einen Kontext passend und funktionierend.
Welterschöpfungstag (S. 15)	Erdüberlastungstag – ab diesem Tag verbrauchen wir mehr natürliche Ressourcen als nachwachsen können.
Zoonosen (S. 95)	Infektionskrankheiten, die von Bakterien, Parasiten, Pilzen oder Viren verursacht und zwischen Tieren und Menschen übertragen werden können.

Danksagung

Wie eingangs erwähnt, haben die in dieser Publikation dargelegten Denkangebote einen lebensbiografischen Bezug. Sie sind entstanden aus den Einblicken in unterschiedlichste Organisationen und Institutionen sowie aufgrund der Erfahrungen, die ich in meiner beruflichen Tätigkeit als Hochschullehrer, Coach, Berater und Mitglied in diversen Gremien sammeln durfte. In diesen Erlebniswelten bin ich vielen Persönlichkeiten begegnet, die mich ermutigt haben, über die Gelingensvoraussetzungen für das Finden passender Problemlösungen nachzudenken. Bei allen diesen Inspiratorinnen und Impulsgebern möchte ich mich ganz herzlich bedanken, denn ohne sie hätte ich dieses Buch nicht schreiben können. Als Problemlösende haben sie mir wertvolle Einblicke ermöglicht. Auch aus den unzähligen Diskursen mit Studierenden resultierten wichtige Anregungen für diese Publikation. Die Rückmeldungen der jungen Generation boten mir immer wieder Gelegenheit, die Plausibilität der eigenen Ideen und Denkkonstrukte auf den Prüfstand zu stellen.

Herzlich bedanken möchte ich mich bei Jean-Paul Thommen, Priska Hellmüller, Peter Kaeser, Markus Sulzberger, Eckart Zitzler und meinen drei Söhnen Nicolas, Jonas und Simon für ihre wertvollen Feedbacks zum Manuskript sowie den beiden Verlagen Versus und Vahlen für das publizistische Interesse an der Thematik. Ein besonderer Dank gebührt auch dem Team des Versus Verlags für das sorgfältige Lektorat und für die Gestaltung des Buchcovers. Schließlich danke ich einmal mehr meiner Frau Ursula bestens für die verständnisvolle Unterstützung während des Schreibprozesses.

Autor

Hans A. Wüthrich (Jg. 1956) ist emeritierter Professor für Internationales Management an der Universität der Bundeswehr München und Privatdozent an der Universität St. Gallen. Er coacht Führungskräfte und Führungsgremien und ist Autor und Co-Autor zahlreicher Sachbücher. 2020 erschien *«Capriccio – Ein Plädoyer für die ver-rückte und experimentelle Führung»*, 2017 *«MusterbrecherX – Ein Prospekt für mutige Führung»*, 2013 *«Musterbrecher – Die Kunst, das Spiel zu drehen»*, 2008 *«Musterbrecher – Führung neu leben»*. Unter den Managementforschern zählt er zu den Querdenkern, und gemeinsam mit Dirk Osmetz und Stefan Kaduk hat er im Jahr 2000 die Musterbrecher®-Initiative initiiert. Ziel dieses praxisnahen universitären Forschungsprojekts ist es, auf experimenteller Basis alternative Formen der Führung zu finden, die es Organisationen erlauben mit Paradoxien intelligenter umzugehen und in der zunehmenden Ungewissheit und Unplanbarkeit besser zu navigieren. 2007 erhielt er den Heinz von Foerster-Preis für Organisationskybernetik. Er ist als Verwaltungs- und Stiftungsrat tätig, Vater von drei erwachsenen Söhnen und wohnhaft in Rheinfelden.